Inhaltsangabe

I. Junge Menschen in Ausbildung und Beruf

A. Ausbildungsbetrieb, Ausbildungsverhältnisses, Arbeitsverhältnisse ... 4
B. Duales System, Rechte und Pflichten ... 8
C. Arbeitsrecht und Arbeitsschutz ... 14
D. Arbeitsgerichtsbarkeit und rechtliche Vorschriften ... 19
E. Betriebliche Mitbestimmung I ... 24
F. Betriebliche Mitbestimmung II ... 29
G. Lebenslanges Lernen, Wandlung der Arbeitswelt, Arbeiten in Europa ... 33

II. Nachhaltige Existenzsicherung

A. Soziale Sicherungssysteme / Sozialversicherung ... 38
B. Soziale Sicherung ... 42
C. Steuern und Entgeltabrechnung ... 47
D. Private Absicherung / Vorsorge ... 53
E. Lebensplanung, Berufsplanung ... 55
F. Existenzgründung ... 59

III. Unternehmen, Organisationen und private Marktteilnehmende

A. Unternehmen und Organisationen ... 64
B. Unternehmensformen ... 69
C. Rolle von privaten Marktteilnehmenden ... 74
D. Verbraucherschutz, Kredite ... 79
E. Weltwirtschaft und soziale Marktwirtschaft ... 84
F. Standortwettbewerb und Nachhaltigkeit ... 89

IV. Übungsaufgaben

A. Gemischte Übungsaufgaben 1 ... 92
B. Gemischte Übungsaufgaben 2 ... 97

I. Junge Menschen in Ausbildung und Beruf

A. Ausbildungsbetrieb, Ausbildungsverhältnisse, Arbeitsverhältnisse

Frage 1: Welches Merkmal kennzeichnet einen Handwerksbetrieb gegenüber einem Industriebetrieb?

a) Die Umstellung der Produktion ist nur mit viel Aufwand möglich.
b) Meist Serienfertigung
c) Viele Einzelanfertigungen
d) Hoher Verwaltungsaufwand

Frage 2: Welches Unternehmen wird als „Dienstleistungsunternehmen" bezeichnet?

a) Steuerberater   b) Autohändler
c) Tischler   d) Automobilhersteller

Situation zu den Fragen 3 - 6
Es wird eine neue Auszubildende eingestellt. Jana Müller ist 19 Jahre alt und freut sich auf ihre Ausbildung. Der Personalverantwortliche will mit ihr einen Ausbildungsvertrag abschließen.

Frage 3: Gibt es Formvorschriften beim Ausbildungsvertrag?

Frage 4: Wer muss den Ausbildungsvertrag unterschreiben?

Frage 5: Welche Mindestangaben sind beim Berufsausbildungsvertrag notwendig?

Frage 6: Wie lange darf die Probezeit im Berufsausbildungsvertrag nach dem Berufsbildungsgesetz dauern? Ist eine Kündigung in dieser Zeit möglich?

Frage 7: Ist eine Verlängerung der Probezeit beim Berufsausbildungsvertrag möglich?

a) Eine Verlängerung ist nicht vorgesehen, da der Auszubildende besonderen Schutz genießt.
b) Eine Verlängerung ist möglich, wenn noch nicht absehbar ist, ob der Auszubildende geeignet ist.
c) Eine Verlängerung ist möglich, wenn der Auszubildende $1/3$ der Ausbildungszeit ausfällt, z. B. durch Krankheit. Diese Möglichkeit muss vorher vereinbart worden sein.
d) Eine Verlängerung ist möglich, wenn beide Parteien dies möchten.

Frage 8: In der Berufsausbildung sind die Ausbildungsinhalte festgelegt.
Wo können Sie diese Inhalte nachlesen?

a) Ausbildungsberufsbild und Ausbildungsrahmenplan
b) Ausbildungsberufsbild und Ausbildungsvertrag
c) Ausbildereignungsverordnung und Rahmenstoffplan
d) Ausbildungsrahmenplan und Prüfungsrichtlinien

Frage 9: Erklären Sie kurz folgende Begriffe: Fürsorgepflicht des Arbeitgebers, Treuepflicht des Arbeitnehmers und Wettbewerbsverbot des Arbeitnehmers.

Frage 10: Dustin Haase erhält einen Ausbildungsplatz im metalltechnischen Bereich. Er ist am 18. Januar 17 Jahre alt geworden. Wie hoch ist sein Urlaubsanspruch?

a) Mindestens 30 Werktage   b) Mindestens 25 Werktage
c) Mindestens 27 Werktage   d) Mindestens 23 Werktage

Frage 11: Welche Regelung im Ausbildungsvertrag wäre nicht mit geltendem Recht zu vereinbaren und somit nichtig?

a) Berechnung des Urlaubes
b) Festlegung von Vertragsstrafen bei Verletzung des Ausbildungsvertrages
c) Dauer der Probezeit
d) Höhe der Ausbildungsvergütung

Situation zu den Fragen 12 - 13
Juliane Freundlich hat ihre Prüfung bestanden. Ihr Arbeitgeber teilt ihr mit, dass dieses Jahr aus wirtschaftlichen Gründen leider keine Auszubildenden übernommen werden können.

Frage 12: Ist eine Kündigung durch den Arbeitgeber notwendig, da Frau Freundlich nicht übernommen wird?

Frage 13: Frau Freundlich fordert ein „qualifiziertes Arbeitszeugnis".
Was ist der Unterschied zu einem „normalen Arbeitszeugnis"?

Situation zu den Fragen 14 - 15
Pia Portimann ist am 12.06. durch die Prüfung gefallen. Am 31.07. endet ihr Ausbildungsvertrag.

Frage 14: Sie möchte ihre Ausbildung bis zur nächsten Prüfung verlängern. Muss der Ausbildungsbetrieb das ermöglichen?

Frage 15: Wie oft kann eine Prüfung wiederholt werden?

Lösungen zu Fragenblock A

Frage 1: c

Frage 2: a

Frage 3: Der Ausbildungsvertrag ist vor Beginn der Ausbildung schriftlich abzuschließen.

Frage 4: Es unterschreiben der Ausbildende (Betrieb) und die Auszubildende. Da Jana Müller schon volljährig ist, brauchen die Erziehungsberechtigten nicht zu unterschreiben.

Frage 5: Der Mindestinhalt der Niederschrift des Berufsausbildungsvertrages ist in §11 BBiG verbindlich festgelegt:

- Namen und Anschriften der Vertragspartner
- Ziel der Ausbildung, sowie sachliche und zeitliche Gliederung der Ausbildung
- Beginn und Dauer der Ausbildung
- Dauer der Probezeit
- Ort der Ausbildung
- Ausbildungsmaßnahmen außerhalb des Betriebes
- Zahlung und Höhe der Ausbildungsvergütung
- Dauer der regelmäßigen Arbeitszeit
- Dauer des Urlaubs
- Voraussetzungen, unter denen der Vertrag gekündigt werden kann.
- Sonstige Vereinbarungen
- Unterschriften aller Vertragspartner

Frage 6: Die Probezeit muss mindestens 1 Monat und darf höchstens 4 Monate dauern. In der Probezeit kann jederzeit und ohne Angaben von Gründen gekündigt werden.

Frage 7: c

Frage 8: a

Frage 9:
Fürsorgepflicht des Arbeitgebers:
Der Arbeitgeber ist danach gehalten, Arbeitsbedingungen zu schaffen, die jeden Beschäftigten vor Gefahren für Leib, Leben und Gesundheit schützen.

Treuepflicht des Arbeitnehmers:
Der Arbeitnehmer hat seine Arbeitsleistung für die Interessen seines Arbeitgebers und des Betriebes einzusetzen und alles zu unterlassen, was diese Interessen beeinträchtigen könnte.

Wettbewerbsverbot des Arbeitnehmers:
Während Arbeitnehmer für ihren Arbeitgeber arbeiten, dürfen Sie nicht selbst oder für Dritte in derselben Branche tätig werden.

Frage 10: c
(Es zählt das Alter am Jahresanfang. Zu diesem Zeitpunkt ist Dustin Haase 16 Jahre alt.)

Frage 11: b

Frage 12: Eine Kündigung ist nicht notwendig. Das Ausbildungsverhältnis endet in diesem Fall mit Bestehen der Prüfung.

Frage 13: In einem qualifizierten Arbeitszeugnis sind zusätzlich Angaben über Führung und Leistung sowie besondere Fähigkeiten enthalten.

Frage 14: Ja, wenn Pia Portimann das verlangt.

Frage 15: Die Prüfung kann 2x wiederholt werden.

B. Duales System, Rechte und Pflichten

Frage 1: In der beruflichen Ausbildung wird vom „Dualen System" gesprochen. Was ist damit gemeint?

Frage 2: Welche Aufgaben hat die Berufsschule bei einer „Dualen Ausbildung"?

Frage 3: Nennen Sie je 8 Pflichten des Ausbildenden und des Auszubildenden.

Frage 4: Welches ist die „Zuständige Stelle" für die Berufsausbildung in Ihrem Bereich? Nennen Sie 5 Aufgaben dieser Stelle bei der Berufsausbildung.

Frage 5: Einem Bewerber wird ein Personalfragebogen zugesandt. Handelt es sich um eine zulässige oder nicht zulässige Frage? Ordnen Sie entsprechend zu.

1. Haben Sie einen Führerschein?	
2. Liegt eine Schwangerschaft vor?	a) Zulässige Frage
3. Welchen Schulabschluss haben Sie?	
4. Welche Zensuren haben Sie in den Fächern Mathematik und Physik?	b) Nicht zulässige Frage
5. Sind Sie Mitglied einer Gewerkschaft?	

Situation zu den Fragen 6 - 8
Bastian Sunshine ist 17 Jahre und beginnt eine Berufsausbildung als Kfz-Mechatroniker.

Frage 6: Wie lange darf Bastian ohne Pause arbeiten?

a) Spätestens nach 3,5 Stunden Arbeitszeit muss eine Pause gewährt werden.
b) Spätestens nach 4,5 Stunden Arbeitszeit muss eine Pause gewährt werden.
c) Spätestens nach 3 Stunden Arbeitszeit muss eine Pause gewährt werden.
d) Spätestens nach 4 Stunden Arbeitszeit muss eine Pause gewährt werden.

Frage 7: Bastian Sunshine hat eine tägliche Arbeitszeit von 8 Stunden. Wie hoch ist der Pausenanspruch und wie lang muss die Pause mindestens sein?

1. Bastian hat Anspruch auf 45 Minuten Pause.	
2. Bastian hat Anspruch auf 60 Minuten Pause.	a) Richtig
3. Bastian hat Anspruch auf 90 Minuten Pause.	b) Falsch
4. Eine Pause muss mindestens 10 Minuten lang sein.	
5. Eine Pause muss mindestens 15 Minuten lang sein.	

Frage 8: Bastian Sunshine hat 1 x die Woche Berufsschule. Wie wird diese Zeit auf die Arbeitszeit angerechnet?

a) Ein Berufsschultag mit mehr als 5 Stunden wird mit 8 Stunden auf die Arbeitszeit angerechnet.

b) Ein Berufsschultag mit mehr als 4 Stunden wird mit 7 Stunden auf die Arbeitszeit angerechnet.

c) Ein Berufsschultag mit mehr als 6 Stunden wird mit 9 Stunden auf die Arbeitszeit angerechnet.

d) Ein Berufsschultag mit mehr als 4 Stunden wird mit 8 Stunden auf die Arbeitszeit angerechnet.

Frage 9: Bei der Berufsausbildung sind verschiedene Gesetze und Verordnungen zu berücksichtigen. Ordnen Sie die Stichpunkte der entsprechenden Rechtsgrundlage zu.

1. Dauer der Ausbildungszeit	
2. Zusammensetzung des Prüfungsausschusses	a) Betriebsverfassungsgesetz
3. Anforderungen in der Zwischen- und Abschlussprüfung	b) Jugendarbeitsschutzgesetz
4. Mitbestimmung des Betriebsrates	c) Ausbildungsordnung
5. Regelung der Pausen bei Jugendlichen	d) Prüfungsordnung der zuständigen Stelle
6. Erstuntersuchung, Nachuntersuchung bei jugendlichen Auszubildenden	

Frage 10: Der Auszubildenden Paula wird die Zulassung zur Abschlussprüfung verweigert. Welchen Grund kann das haben?

a) Paulas Ausbildungsbetrieb ist in Konkurs gegangen.
b) Paula ist schon dreimal durch die Prüfung gefallen.
c) Paula ist durch die Zwischenprüfung gefallen.
d) Paulas Leistungen im Betrieb sind in der letzten Zeit ziemlich schlecht.

Frage 11: Ordnen Sie die Aussagen zur Zwischenprüfung entsprechend zu.

1. Eine schlechte Zwischenprüfung kann zu einer Beendigung des Ausbildungsvertrages führen.	
2. Die Noten der Zwischenprüfung haben einen großen Einfluss auf das Zeugnis der Berufsschule.	a) Richtig
3. Die Teilnahme an der Zwischenprüfung ist Voraussetzung für die Teilnahme an der Abschlussprüfung.	b) Falsch
4. Das Nicht-Bestehen der Zwischenprüfung hat die Nicht-Zulassung zur Abschlussprüfung zur Folge.	

Frage 12: Welche Aufgabe hat der Ausbildungsberater der zuständigen Stelle?

a) Überwachung der Berufsschule
b) Den Auszubildenden zum Besuch der Berufsschule anzuhalten
c) Bereitstellung von Informationen für Ausbildenden, z. B. Einführung neuer Berufe
d) Überwachung des Prüfungsausschusses

Frage 13: Welche Aussage zum betrieblichen Ausbildungsplan ist richtig?

a) Der betriebliche Ausbildungsplan ist Bestandteil des Ausbildungsvertrages.
b) Nicht vermittelte Fertigkeiten sind der Berufsschule zu melden.
c) Ein betrieblicher Ausbildungsplan muss nur ab einer Betriebsgröße von 50 Mitarbeitern erstellt werden.
d) Größere Ausbildungsabschnitte sollen nicht in kleinere Abschnitte zerteilt werden.

Frage 14: Wer hat folgende Kosten im Verlauf der Ausbildung zu tragen?

1. Ausbildungsnachweis	
2. Fahrten zur Arbeit	a) Auszubildender
3. Mittel zur Abschlussprüfung	
4. Bücher für den Unterricht in der Berufsschule	b) Ausbildungsbetrieb
5. Werkzeuge für die betriebliche Berufsausbildung	

Frage 15: Wie ist nach Maßgabe des BBiG (Berufsbildungsgesetz) der Prüfungsausschuss zusammengesetzt?

a) Ein Vertreter der Berufsschule ist nicht erlaubt.
b) Er besteht aus mindestens 4 Personen.
c) Der Vorsitzende des Prüfungsausschusses wird von der zuständigen Stelle
   (z. B. HWK, IHK) bestimmt.
d) Die Arbeitgeber und Arbeitnehmer stellen die gleiche Anzahl an Prüfern.

Lösungen zu Fragenblock B

Frage 1: Die berufliche Ausbildung wird von 2 Trägern übernommen. Der praktische Teil der Ausbildung wird in den Betrieben vermittelt, den theoretischen Teil übernimmt die Berufsschule.

Frage 2:
- ✓ Vermittlung von theoretischen Fachkenntnissen.
- ✓ Vertiefung der Allgemeinbildung.
- ✓ Verleihung von Bildungsabschlüssen.

Frage 3:

Pflichten Ausbildender (Betrieb)	Pflichten Auszubildender
Die entsprechenden Fertigkeiten und Kenntnisse vermitteln.	Die Fertigkeiten und Kenntnisse zu erwerben, die zum Erreichen des Ausbildungszieles erforderlich sind.
Kostenlos die Ausbildungsmittel zur Verfügung zu stellen.	
Den Auszubildenden zum Besuch der Berufsschule sowie zum Führen von Berichtsheften anhalten.	Mit den ihm überlassenen Werkzeugen pfleglich umzugehen.
	Regelmäßig die Berufsschule zu besuchen.
Den Auszubildenden charakterlich fördern sowie sittlich und körperlich nicht gefährden.	Die betriebliche Ordnung einzuhalten.
Nur Verrichtungen übertragen, die dem Ausbildungszweck dienen.	Den Weisungen des Ausbildenden bzw. des Ausbilders Folge zu leisten.
Freistellung für die Teilnahme am Berufsschulunterricht und an Prüfungen.	An den ärztlichen Untersuchungen laut Jugendarbeitsschutzgesetz teilzunehmen.
Bei Beendigung der Ausbildung ein Zeugnis auszustellen.	Ein Berichtsheft zu führen.
	Über Betriebs- und Geschäftsgeheimnisse Stillschweigen zu wahren.
Eine angemessene Vergütung zahlen.	
Zustehenden Urlaub gewähren.	Erholungspflicht
Dafür zu sorgen, dass der Auszubildende seine Pausen und Arbeitszeiten einhält.	Wettbewerbsverbot

Frage 4: Die zuständige Stelle ist die Handwerkskammer / Industrie- und Handelskammer.

Zu den Aufgaben zählen:
✓ Durchführung von Zwischen- und Abschlussprüfungen.
✓ Überwachung der Berufsausbildung sowie der fachlichen und persönlichen Eignung der Ausbilder/-innen.
✓ Beraten von Ausbildenden und Auszubildenden sowie Bestellen von Ausbildungsberatern.
✓ Errichten von Prüfungsausschüssen und Erlassen von Prüfungsordnungen.
✓ Führen des Verzeichnisses der Berufsausbildungsverhältnisse (Lehrlingsrolle).
✓ Entscheidungen über Verkürzung oder Verlängerung der Ausbildungszeit sowie über die Zulassung zur Abschlussprüfung.

Frage 5: 1a, 2b, 3a, 4a, 5b

Frage 6: b

Frage 7: 1b, 2a, 3b, 4b, 5a

Frage 8: a

Frage 9: 1c, 2d, 3c, 4a, 5b, 6b

Frage 10: b

Frage 11: 1b, 2b, 3a, 4b

Frage 12: c

Frage 13: a

Frage 14: 1b, 2a, 3b, 4a, 5b

Frage 15: d

C. Arbeitsrecht und Arbeitsschutz

Situation zu den Fragen 1 - 4
Selma Bader erhält von ihrem Arbeitgeber nach 18-monatiger Betriebszugehörigkeit die Kündigung.

Frage 1: Wie lautet die gesetzliche Kündigungsfrist?

Frage 2: Ist eine bestimmte Form bei einer ordentlichen Kündigung einzuhalten?

Frage 3: Was ist unter einem Aufhebungsvertrag zur Beendigung eines Arbeitsverhältnisses zu verstehen?

Frage 4: Warum ist das Datum des Zugangs einer Kündigung wichtig?

Frage 5: Nennen Sie 5 Personengruppen, die einen „besonderen Kündigungsschutz" haben.

Frage 6: In welchen Fällen kann es zu einer außerordentlichen (fristlosen) Kündigung kommen?

Frage 7: Nennen Sie 5 Gesetze / Verordnungen, in denen Arbeitsschutzvorschriften zu finden sind.

Frage 8: Lara Holiday hat am 01.04. ihre neue Stelle angetreten. Sie möchte in den Sommerferien 5 Wochen mit ihrem Freund nach Australien. Kann Lara Holiday von ihrem Arbeitgeber verlangen, ihr diesen Urlaub zu gewähren? Was sagen die entsprechenden gesetzlichen Regelungen dazu?

Frage 9: Frau Klein ist in der Versandabteilung beschäftigt. Sie ist schwanger und erwartet im Sommer ihr Kind. Was muss der Arbeitgeber nach dem Mutterschutzgesetz beachten?

1. Werdende Mütter dürfen in den letzten sechs Wochen vor der Entbindung nicht beschäftigt werden, es sei denn, dass sie sich zur Arbeitsleistung ausdrücklich bereit erklären; die Erklärung kann jederzeit widerrufen werden.	
2. Frau Klein darf während der Schwangerschaft nicht stehend arbeiten.	a) Richtig
3. Akkordarbeit ist nur mit Zustimmung der werdenden Mutter erlaubt.	b) Falsch
4. Mütter dürfen bis zum Ablauf von acht Wochen nach der Entbindung nicht beschäftigt werden.	
5. Eine Kündigung während der Schwangerschaft und bis zum Ablauf von 4 Monaten nach der Entbindung ist nicht zulässig.	

Frage 10: Der Auszubildende Lucas Picard ruft aus dem Urlaub im Betrieb an. Er ist krank und liegt im Bett. Welche Aussage ist richtig?

a) Es liegt im Ermessen des Arbeitgebers, ob er die Krankheitstage auf den Urlaub anrechnet.
b) Eine Krankheit im Urlaub hat keinen Einfluss auf den Jahresurlaub. Lucas soll das Beste aus seinem Urlaub machen.
c) Hält sich Lucas bei Beginn der Arbeitsunfähigkeit im Ausland auf, so ist er verpflichtet, dem Arbeitgeber die Arbeitsunfähigkeit, deren voraussichtliche Dauer und die Adresse am Aufenthaltsort schnellstmöglich mitzuteilen.
d) Die Tage der Krankheit führen zu einer sofortigen Verlängerung des Urlaubs.

Frage 11: Welches Gesetz regelt die Zahlung des Gehaltes im Krankheitsfall?

a) Betriebsverfassungsgesetz
b) Berufsbildungsgesetz
c) Krankheitsfortzahlungsgesetz
d) Entgeltfortzahlungsgesetz

Frage 12: Wie lange zahlt der Betrieb den Lohn bei Krankheit weiter nach der gesetzlichen Regelung?

a) 4 Wochen	b) 6 Wochen
c) 8 Wochen	d) 3 Monate

Frage 13: Welche Aussage zur Ausbildungsvergütung ist richtig?

a) Die Höhe der Ausbildungsvergütung wird durch die für die Berufsausbildung zuständige Stelle (z. B. Handwerkskammer) festgelegt.
b) Die Vergütung für den laufenden Kalendermonat ist spätestens am dritten Arbeitstag des darauf folgenden Monats zu zahlen.
c) Eine über die vereinbarte regelmäßige tägliche Ausbildungszeit hinausgehende Beschäftigung ist besonders zu vergüten oder durch entsprechende Freizeit auszugleichen.
d) Fällt der Auszubildende durch die Abschlussprüfung, kann die Ausbildungsvergütung bis zur nächstmöglichen Prüfung gekürzt werden.

Situation zu den Fragen 14 - 15

Auszug aus dem Arbeitszeitgesetz (ArbZG)

§ 4 Ruhepausen
Die Arbeit ist durch im Voraus feststehende Ruhepausen von mindestens 30 Minuten bei einer Arbeitszeit von mehr als sechs bis zu neun Stunden und 45 Minuten bei einer Arbeitszeit von mehr als neun Stunden insgesamt zu unterbrechen. Die Ruhepausen nach Satz 1 können in Zeitabschnitte von jeweils mindestens 15 Minuten aufgeteilt werden. Länger als sechs Stunden hintereinander dürfen Arbeitnehmer nicht ohne Ruhepause beschäftigt werden. …

Frage 14: Jette Bömer arbeitet in Teilzeit 5 Stunden am Tag als Industriemechanikerin. Wie hoch ist ihr Pausenanspruch nach dem Arbeitszeitgesetz?

Frage 15: Keno Knabel arbeitet Vollzeit 8 Stunden als Kfz-Mechatroniker. Er fängt um 7.30 Uhr an. Wann muss er nach dem Arbeitszeitgesetz spätestens eine Pause machen und wie lang muss diese mindestens sein?

Lösungen zu Fragenblock C

Frage 1: Die gesetzliche Kündigungsfrist ist 4 Wochen zum 15. eines Monats oder zum Monatsende.

Frage 2: Es ist die Schriftform vorgeschrieben.

Frage 3: Durch einen Aufhebungsvertrag wird das Arbeitsverhältnis einvernehmlich beendet. So kann ein Arbeitsvertrag ohne Einhaltung von Fristen beendet werden. Der Arbeitgeber braucht keine Kündigungsschutzbestimmungen zu beachten, er hat zum Beispiel keine Sozialauswahl durchzuführen. Zum Ausgleich für den Verlust des Arbeitsplatzes werden in Aufhebungsverträgen oft Abfindungszahlungen durch den Arbeitgeber an den Arbeitnehmer vereinbart.

Frage 4: Ab dem Zugang läuft die Kündigungsfrist. Der Zugang ist zusätzlich auch für eine Kündigungsschutzklage wichtig, die innerhalb von 3 Wochen erhoben werden muss.

Frage 5: Einen „besonderen Kündigungsschutz" haben:
- ✓ Betriebsratsmitglieder
- ✓ Wahlvorstände und Wahlbewerber bei Betriebsratswahlen
- ✓ Schwangere und Mütter bis vier Monate nach der Entbindung
- ✓ Mütter und Väter während der Elternzeit
- ✓ Auszubildende (nach der Probezeit)
- ✓ Schwerbehinderte

Frage 6: Eine außerordentliche (fristlose) Kündigung kann nur aus <u>wichtigem Grund</u> erfolgen. Ein wichtiger Grund liegt vor, wenn dem Kündigenden unter Berücksichtigung aller Umstände des Einzelfalls und unter Abwägung der beiderseitigen Interessen die Fortsetzung des Vertragsverhältnisses bis zur vereinbarten Beendigung oder bis zum Ablauf einer Kündigungsfrist unzumutbar ist.

Wichtige Gründe können sein: Diebstahl, Untreue, Körperverletzung, grobe Beleidigung, Arbeitsverweigerung, …

Frage 7:

Arbeitsschutzgesetz	Arbeitsstättenverordnung	Arbeitssicherheitsgesetz
Sozialgesetzbuch	Vorschriften der Berufsgenossenschaften	

Frage 8: Der volle Urlaubsanspruch besteht nach dem Bundesurlaubsgesetz erst nach einer Beschäftigungszeit von 6 Monaten. Sie hat somit erst ab 01.10. darauf Anspruch.

Laut Gesetz besteht ein Mindesturlaubsanspruch von 24 Werktagen (20 Arbeitstagen) für ein Jahr. Lara Holiday hätte somit für 9 Monate einen Urlaubsanspruch von 18 Werktagen = 3 Wochen.

Frage 9: 1a, 2b, 3b, 4a, 5a

Frage 10: c

Frage 11: d

Frage 12: b

Frage 13: c

Frage 14: Sie hat keinen Pausenanspruch nach dem Arbeitszeitgesetz. Der besteht erst ab einer Arbeitszeit von 6 Stunden.

Frage 15: Er muss spätestens um 13.30 Uhr eine Pause machen. Diese Pause muss mindestens 15 Minuten betragen.

D. Arbeitsgerichtsbarkeit und rechtliche Vorschriften

Frage 1: Pascal Müller wird gekündigt. Er hält die Kündigung für sozial ungerechtfertigt. Welches Gericht ist zuständig?

a) Sozialgericht
b) Amtsgericht
c) Arbeitsgericht
d) Landgericht

Frage 2: Welche Aussage zur Arbeitsgerichtsbarkeit ist richtig?

a) Zuständig ist das Gericht, an dem der Kläger seinen Wohnsitz hat.
b) Zuständig ist das Gericht, an dem die beklagte Partei ihren Firmensitz hat.
c) Die Zuständigkeit wird nach der Auslastung der Gerichte festgelegt.
d) Vor dem Arbeitsgericht besteht in allen Instanzen Anwaltszwang.

Frage 3: Ordnen Sie entsprechend der Zuständigkeit zu.

1) Die Bundesagentur für Arbeit sperrt einem Arbeitslosen das Arbeitslosengeld.	a) Sozialgericht
2) Güteverhandlung vor dem Kündigungsschutzprozess	
3) Streitigkeiten in Sachen des Kindergeld- und Erziehungsrechts	b) Arbeitsgericht
4) Angelegenheiten des Schwerbehindertenrechts	
5) Gültigkeit von Tarifverträgen	

Frage 4: Innerhalb welcher Frist ist nach Zugang einer Kündigung eine Kündigungsschutzklage einzureichen?

a) 2 Wochen
b) 3 Wochen
c) 4 Wochen
d) 6 Wochen

Frage 5: Welche Aussage zur Güteverhandlung beim Arbeitsgericht ist richtig?

a) Es soll vor Beginn der Verhandlung eine Einigung erreicht werden.
b) Die beklagte Partei kann auf die Güteverhandlung verzichten.
c) Der klagende Arbeitnehmer kann auf die Güteverhandlung verzichten.
d) Die Güteverhandlung findet unter Ausschluss der Öffentlichkeit statt.

Frage 6: Ergänzen Sie nachfolgenden Lückentext zur Arbeitsgerichtsbarkeit.

Das Verfahren vor dem Arbeitsgericht wird grundsätzlich mit einem …………………… vor dem Kammervorsitzenden ohne Hinzuziehung der ehrenamtlichen ……….……….. eingeleitet. Dieser Termin soll kurzfristig nach Einreichung der Klage stattfinden. Vor dem Arbeitsgericht besteht in erster Instanz kein ……………………………….. Die Parteien können sich auch durch die Gewerkschaft oder aber Arbeitgeberverbände vertreten lassen. Gegen die Urteile des Arbeitsgerichts im Urteilsverfahren ist das Rechtsmittel der ……………………. zulässig, wenn der Streitwert den Betrag von 600,00 Euro übersteigt oder das Arbeitsgericht sie zugelassen hat. Die Berufung wird vor dem ……………….……………..….…verhandelt. Gegen Urteile des Landesarbeitsgerichts ist das Rechtsmittel die Revision zum ………………………………...

Frage 7: Ordnen Sie die Rechtsgrundlage entsprechend zu.

1) Eine Kündigung ohne die Anhörung des Betriebsrates ist unwirksam.	a) Jugendarbeitsschutzgesetz
2) Die regelmäßige wöchentliche Arbeitszeit im Bäckerhandwerk in Niedersachsen beträgt 38,5 Stunden.	b) Tarifvertrag
	c) Kündigungsschutzgesetz
	d) Betriebsverfassungsgesetz
3) Eine Kündigungsschutzklage muss innerhalb einer bestimmten Frist eingereicht werden.	e) Jugendschutzgesetz
4) Ein Entgeltausfall darf durch den Besuch der Berufsschule nicht eintreten.	f) Mutterschutzgesetz

Frage 8: Innerhalb welcher Zeit dürfen Jugendliche nach dem Jugendarbeitsschutzgesetz grundsätzlich beschäftigt werden?

a) 8.00 Uhr bis 22.00 Uhr
c) 6.00 Uhr bis 21.00 Uhr

b) 8.00 Uhr bis 20.00 Uhr
d) 6.00 Uhr bis 20.00 Uhr

Situation zu den Fragen 9 - 10
Die Tischlerei Mosel in Fulda hat 25 Mitarbeiter/-innen.

Frage 9: Überprüfen Sie, ob die Pflicht zur Beschäftigung eines Schwerbehinderten besteht.

Frage 10: Welche besondere Regelung gilt bei der Kündigung eines Schwerbehinderten durch den Arbeitgeber?

Frage 11: Kann ein Arbeitsvertrag auch mündlich abgeschlossen werden?

Frage 12: Erklären Sie den Begriff „Betriebliche Übung".

Lösungen zu Fragenblock D

Frage 1: c

Frage 2: b

Frage 3: 1a, 2b, 3a, 4a, 5b

Frage 4: b

Frage 5: a

Frage 6:

Das Verfahren vor dem Arbeitsgericht wird grundsätzlich mit einem _Gütetermin_ vor dem Kammervorsitzenden ohne Hinzuziehung der ehrenamtlichen _Richter_ eingeleitet. Dieser Termin soll kurzfristig nach Einreichung der Klage stattfinden. Vor dem Arbeitsgericht besteht in erster Instanz kein _Anwaltszwang_. Die Parteien können sich auch durch die Gewerkschaft oder aber Arbeitgeberverbände vertreten lassen.

Gegen die Urteile des Arbeitsgerichts im Urteilsverfahren ist das Rechtsmittel der _Berufung_ zulässig, wenn der Streitwert den Betrag von 600,00 Euro übersteigt oder das Arbeitsgericht sie zugelassen hat. Die Berufung wird vor dem _Landesarbeitsgericht_ verhandelt. Gegen Urteile des Landesarbeitsgerichts ist das Rechtsmittel die Revision zum _Bundesarbeitsgericht_.

Frage 7: 1d, 2b, 3c, 4a

Frage 8: d

Frage 9: Betriebe mit mindestens 20 Arbeitsplätzen müssen mindestens 5 % Schwerbehinderte beschäftigen. Sollte das nicht der Fall sein, ist eine Ausgleichsabgabe zu zahlen.

Frage 10: Eine Kündigung durch den Arbeitgeber ist nur mit vorheriger Zustimmung durch das Integrationsamt möglich.

Das Sozialgesetzbuch IX (**SGB IX**) umfasst die gesetzlichen Regelungen zur Rehabilitation und Teilhabe von Menschen mit Behinderungen.

Frage 11: Grundsätzlich sind mündlich abgeschlossene Arbeitsverträge gültig, da sie zu ihrer Wirksamkeit nicht der Schriftform bedürfen.

Frage 12: Als betriebliche Übung (Betriebsübung) bezeichnet man im Arbeitsrecht den Umstand, dass ein Arbeitnehmer aus der regelmäßigen Wiederholung bestimmter Verhaltensweisen des Arbeitgebers zu Recht ableiten darf, dass diese Leistungen auch in Zukunft gewährt werden. Beispiele: Weihnachtsgeld, Urlaubsgeld, Prämien.

E. Betriebliche Mitbestimmung I

Frage 1: Was bedeutet der Begriff „Tarifautonomie"?

Frage 2: Unterscheiden Sie Manteltarifvertrag und Lohntarifvertrag.

Frage 3: Erklären Sie folgende Begriffe:

| Urabstimmung | Schlichtung | Aussperrung | Friedenspflicht |

Frage 4: Grenzen Sie die Begriffe „individuelles Arbeitsrecht" und „kollektives Arbeitsrecht" voneinander ab.

Frage 5: In welchem Abstand finden Betriebsratswahlen statt, und wer trägt die Kosten für die Wahl?

Frage 6: Wie oft findet eine Betriebsversammlung statt?

Frage 7: Nennen Sie 5 Aufgaben des Betriebsrats.

Frage 8: Wer nimmt an der Betriebsversammlung teil?

a) Nur die Gewerkschaftsmitglieder des Betriebes
b) Nur die Gewerkschaftsmitglieder und die gewählten Betriebsräte
c) Alle Mitarbeiter des Betriebes
d) Die Geschäftsleitung und der Betriebsrat

Frage 9: Einem Arbeitnehmer wird gekündigt ohne den Betriebsrat zu hören. Welche Aussage ist richtig?

a) Die Kündigung ist wirksam. Die Geschäftsführung braucht den Betriebsrat nicht hinzuzuziehen.
b) Die Kündigung ist nicht wirksam. Kündigungen nimmt nur der Betriebsrat vor.
c) Die Kündigung ist nicht wirksam, da laut Betriebsverfassungsgesetz der Betriebsrat zu hören ist.
d) Die Kündigung ist wirksam, wenn der Betriebsrat zuvor informiert wurde.

Frage 10: Wer vertritt bei Tarifverhandlungen die Interessen der Arbeitnehmer?

a) Der Betriebsrat der Unternehmen
b) Die zuständige Gewerkschaft
c) Die Sozialversicherungsverbände
d) Die Berufsgenossenschaft

Frage 11: Ordnen Sie die Rechte des Betriebsrats entsprechend zu.

1. Einführung eines neuen Produktes.	
2. Änderungen beim Betriebskindergarten.	a) Mitbestimmungsrecht
3. Versetzung eines Mitarbeiters.	b) Anhörungsrecht
4. Belegung von Mitarbeiterwohnungen.	c) Informationsrecht
5. Einstellung einer leitenden Mitarbeiterin.	

Frage 12: Die Pausenzeiten sollen geändert werden. Welches Recht hat der Betriebsrat?

a) Der Betriebsrat hat ein Mitbestimmungsrecht.
b) Der Betriebsrat hat ein Mitwirkungsrecht.
c) Der Betriebsrat braucht nur informiert zu werden (Informationsrecht).
d) Der Betriebsrat bestimmt allein über die Pausenregelung nach dem Alleinvertretungsrecht.

Frage 13: Die zuständige Stelle hält die Voraussetzung zur Teilnahme an der Abschlussprüfung für den Auszubildenden Tim Karel als nicht erfüllt. Wer entscheidet, ob Tim für die Prüfung zugelassen wird?

a) Die zuständige Stelle, in diesem Fall der Ausbildungsberater der HWK / IHK.
b) Der Prüfungsausschuss
c) Das Direktorium der Berufsschule
d) Der Betriebsrat

Situation zu den Fragen 14 - 15
Lukas Froh wurde in die Jugend- und Auszubildendenvertretung (JAV) gewählt. Er ist Auszubildender im dritten Lehrjahr der Metallteile Bau AG.

Frage 14: Welche Rechte hat die Jugend- und Auszubildendenvertretung bei Sitzungen des Betriebsrats?

a) Es dürfen alle Mitglieder der JAV an Sitzungen des Betriebsrats teilnehmen.
b) Es darf ein Mitglied der JAV an Sitzungen des Betriebsrats teilnehmen. Dieses Mitglied hat volles Stimmrecht.
c) Zu Tagesordnungspunkten, welche Jugendliche und Auszubildende besonders oder überwiegend betreffen, kann die komplette JAV mit vollem Stimmrecht teilnehmen.
d) Zu Tagesordnungspunkten, welche Jugendliche und Auszubildende besonders oder überwiegend betreffen, kann die komplette JAV teilnehmen. Ein Stimmrecht hat nur der Vorsitzende der JAV.

Frage 15: Die Ausbildung von Lukas Froh endet demnächst. Welche Auswirkungen hat seine Mitgliedschaft in der JAV?

a) Der Arbeitgeber kann Lukas Froh nur befristet weiter beschäftigen.
b) Mitglieder der JAV sind unkündbar, damit sie unabhängig agieren können.
c) Die Mitgliedschaft in der JAV hat keine Auswirkungen.
d) Mitglieder der JAV genießen einen besonderen Kündigungsschutz.

Lösungen zu Fragenblock E

Frage 1: Unter Tarifautonomie versteht man das Recht der Gewerkschaften und der Arbeitgeberverbände, Löhne, Gehälter und andere Arbeitsbedingungen selbstständig und unabhängig zu regeln - <u>ohne</u> staatliche Einflussnahme. Die Tarifautonomie ist durch das Grundgesetz (Artikel 9, Abs. 3) geschützt.

Frage 2: Im **Manteltarifvertrag** stehen längerfristige, allgemeinere Regelungen, die häufig auch für einen größeren Personenkreis gelten. Laufzeit: Mehrere Jahre.
Beispiele: Dauer des Urlaubes, Einstellungs- und Kündigungsbedingungen, Arbeitszeitregelungen, Regelungen zu Krankheit, Krankmeldung und Lohnfortzahlung, vermögenswirksame Leistungen, ...

Im **Lohntarifvertrag** ist die Höhe des Lohnes der einzelnen Tarifgruppen geregelt, sowie die Ausbildungsvergütungen. Laufzeit: Meist 1 - 2 Jahre.

Frage 3:

<u>Urabstimmung:</u> Mitgliederbefragung der Gewerkschaft vor einem Streik. Wenn mindestens 75 % der Gewerkschaftsmitglieder für einen Streik stimmen, darf gestreikt werden.

<u>Schlichtung:</u> Vermittlungsbemühungen durch eine unabhängige, unparteiische Person (Schlichter).

<u>Aussperrung:</u> Mögliches Vorgehen / Antwort der Arbeitgeber auf einen Streik. Arbeitnehmer werden von der Arbeit ausgeschlossen.

<u>Friedenspflicht:</u> Während der Laufzeit eines Tarifvertrages und während einer Schlichtung dürfen keine Arbeitskampfmaßnahmen durchgeführt werden.

Frage 4:

Individuelles Arbeitsrecht	Kollektives Arbeitsrecht
Arbeitsbedingungen werden zwischen Arbeitgeber und Arbeitnehmer direkt ausgehandelt.	Arbeitsbedingungen werden durch eine Interessenvertretung ausgehandelt (z. B. Gewerkschaften für eine Branche im Tarifbezirk).

Frage 5: Die Wahlen finden alle 4 Jahre in der Zeit vom 1. März bis 31. Mai statt. Die Kosten für die Wahl trägt der Arbeitgeber.

Frage 6: Die Betriebsversammlung findet einmal im Kalendervierteljahr statt.

Frage 7:

Aufgaben des Betriebsrats sind:
• Überwachung der Einhaltung geltender Gesetze, Verordnungen, Unfallverhütungsvorschriften, Betriebsvereinbarungen.
• Vertretung der Belange von Arbeitnehmern gegenüber dem Arbeitgeber.
• Anregungen und Vorschläge entgegen zunehmen und zu bearbeiten.
• Unterstützung und Förderung von Schwerbehinderten und sonstiger Schutzbedürftiger.
• Vorbereitung und Wahl der Jugend- und Auszubildendenvertretung.
• Gleichberechtigung zwischen Mann und Frau sicherzustellen.
• Vereinbarkeit von Familie und Beruf voranzutreiben.

Frage 8: c

Frage 9: c

Frage 10: b

Frage 11: 1c, 2a, 3b, 4a, 5c

Frage 12: a

Frage 13: b

Frage 14: c

Frage 15: d

F. Betriebliche Mitbestimmung II

Situation zu den Fragen 1 - 2
Sören Glücklich ist sich mit seinem neuen Arbeitgeber einig. Er fängt in 2 Monaten eine neue Stelle als Metallfacharbeiter an.

Frage 1: Unter welchen Bedingungen hat Sören Glücklich Anspruch auf Tariflohn?

Frage 2: Was ist unter einer Betriebsvereinbarung zu verstehen?

Frage 3: Sie möchten in Ihre Personalakte einsehen. Auf welches Gesetz können Sie sich beziehen?

Frage 4: Wer wählt die Jugend- und Auszubildendenvertretung?

a) Nur Auszubildende und Arbeitnehmer unter 18 Jahren
b) Nur Auszubildende und Arbeitnehmer unter 21 Jahren
c) Alle Mitarbeiter des Betriebes unter 25 Jahren
d) Alle Auszubildenden (unabhängig vom Alter) und die Beschäftigten unter 18 Jahren

Frage 5: Welche Maßnahme kann erst durch Zustimmung des Betriebsrats wirksam werden?

a) Es sollen neue langfristige Kredite aufgenommen werden.
b) Die Betriebsferien / Werksferien werden festgelegt.
c) Es sollen neue Firmenwagen für die Verkaufsabteilung angeschafft werden.
d) Die Bonuszahlungen für die Vorstände / Geschäftsführung werden neu festgelegt.

Frage 6: Sonja Sommer wurde in den Betriebsrat gewählt. Ordnen Sie nachfolgende Aussagen entsprechend zu.

1. Frau Sommer erhält einen Gehaltszuschlag wegen besonderer Belastungen.	
2. Für Mitglieder des Betriebsrats gilt ein „Besonderer Kündigungsschutz".	a) Richtig
3. Eine außerordentliche Kündigung von Frau Sommer aus „wichtigem Grund" ist möglich.	b) Falsch
4. Mit dem Ende der Amtszeit als Betriebsrat endet auch der „Besondere Kündigungsschutz".	
5. Alle Betriebsratsmitglieder müssen Mitglied der entsprechenden Gewerkschaft sein.	

Frage 7: Welche Aussagen zur Jugend- und Auszubildendenvertretung (JAV) sind zutreffend?

1. Mitglieder des Betriebsrats können nicht zu Jugend- und Auszubildendenvertretern gewählt werden.	a) Zutreffend
2. Das Betriebsverfassungsgesetz schreibt eine gerade Anzahl an JAV-Mitgliedern vor.	
3. Die Wahlen finden in einem Zeitraum vom 1. Oktober bis 30. November statt.	b) Nicht zutreffend
4. Die Wahl der Jugend- und Auszubildendenvertretung findet alle 4 Jahre statt.	
5. Die Sitzungen der JAV sind öffentlich.	

Frage 8: Die Firma Sessel Maschinenbau hat 121 Mitarbeiter/ -innen. Nach dem Sozialgesetzbuch ist die Firma verpflichtet, einen bestimmten Prozentsatz schwerbehinderter Menschen zu beschäftigen. Wie hoch ist dieser Prozentsatz?
1 richtige Antwort

a) Mindestens 2 %   b) Mindestens 5 %
c) Mindestens 10 %   d) Mindestens 20 %

Frage 9: Wer ist an der Aushandlung von Tarifverträgen oder Betriebsvereinbarungen beteiligt? Ordnen Sie zu.

1. Arbeitgeberverband	
2. Betriebsrat	a) Tarifvertrag
3. Gewerkschaft	b) Betriebsvereinbarung
4. Arbeitgeber	

Frage 10: Welches Organ im Betrieb hat die Aufgabe, Meinungsverschiedenheiten zwischen Betriebsrat und Arbeitgeber zu schlichten?

a) Schlichtungsstelle
b) Aufsichtsrat
c) Personalversammlung
d) Einigungsstelle

Frage 11: Welche Aussage zu einer Betriebsvereinbarung ist richtig?

a) Die Betriebsvereinbarung ist ein Vertrag zwischen dem Arbeitgeber und dem Betriebsrat, in dem verbindliche Normen festgelegt werden.
b) Die Betriebsvereinbarung regelt die Gehaltsstruktur für alle Betriebe einer Branche.
c) Die Betriebsvereinbarung gilt in der Regel nur für ein Bundesland, für das sie vereinbart worden ist.
d) Die Betriebsvereinbarung besagt, dass der Betriebsrat immer eingeschaltet werden muss.

Frage 12: Welche Personengruppe wird nicht durch den Betriebsrat vertreten?

a) Besonders schutzbedürftige Arbeitnehmer
b) Arbeitnehmer mit befristeten Arbeitsverträgen
c) Leitende Mitarbeiter mit der Befugnis Personal einzustellen und zu entlassen.
d) Mitarbeiter mit Meisterbrief

Frage 13: Ein Tarifvertrag wird vom Bundesministerium für Arbeit und Soziales für allgemein verbindlich erklärt. Welche Auswirkungen hat das?

a) Der Tarifvertrag gilt nur für Mitglieder der entsprechenden Gewerkschaft.
b) Er gilt für alle Arbeitnehmer und Arbeitgeber einer Branche, auch wenn Sie nicht in der entsprechenden Interessenvertretung Mitglied sind.
c) Es brauchen sich nur Arbeitgeber daran zu halten, die im entsprechenden Arbeitgeberverband sind.
d) Der Betrieb kann der Allgemeinverbindlichkeit widersprechen und braucht sich dann nicht daran zu halten.

Frage 14: Der Betriebsrat Hermann Harms wird von einem Mitarbeiter angesprochen, dessen Sohn Jörg Waller eine verkürzte Ausbildung anstrebt. Wer kann Herrmann Harms verbindliche Auskunft darüber geben, ob eine Verkürzung der Ausbildung für Jörg Waller möglich ist?

a) Ein Mitglied des Prüfungsausschusses   b) Der Ausbildungsberater der HWK / IHK
c) Der Betriebsrat   d) Der Berufsschullehrer

Frage 15: Die Teilnahme an der Abschlussprüfung (AP) ist an Bedingungen geknüpft. Ordnen Sie entsprechend zu.

1. Eine bestandene Zwischenprüfung	a) Voraussetzung für die Teilnahme an der AP
2. Eine Teilnahme an der Zwischenprüfung	
3. Eintragung des Berufsausbildungsverhältnisses in das Verzeichnis der zuständigen Stelle	b) Keine Voraussetzung für die Teilnahme an der AP
4. Ableistung der erforderlichen Ausbildungsdauer	

Lösungen zur Fragenblock F

Frage 1: Anspruch besteht, wenn Arbeitgeber und Arbeitnehmer Mitglieder in den entsprechenden Tarifvertragsparteien sind (Gewerkschaft und Arbeitgeberverband) oder wenn der Tarifvertrag für allgemein verbindlich erklärt wurde.

Frage 2: Die Betriebsvereinbarung ist ein Vertrag zwischen Arbeitgeber und Betriebsrat, der verbindliche Normen für alle Arbeitnehmer eines Betriebes formuliert. Sie ist ein „Tarifvertrag für den Betrieb".

Frage 3: Sie können sich auf das Betriebsverfassungsgesetz beziehen.

Frage 4: d

Frage 5: b

Frage 6: 1b, 2a, 3a, 4b, 5b

Frage 7: 1a, 2b, 3a, 4b, 5b

Frage 8: b

Frage 9: 1a, 2b, 3a, 4b

Frage 10: d

Frage 11: a

Frage 12: c

Frage 13: b

Frage 14: b

Frage 15: 1b, 2a, 3a, 4a

G. Lebenslanges Lernen, Wandlung der Arbeitswelt, Arbeiten in Europa

Situation zu den Fragen 1 - 3

> **Auszüge aus dem Sozialgesetzbuch (SGB III)**
>
> **§ 30 SGB III Berufsberatung**
> Die Berufsberatung umfasst die Erteilung von Auskunft und Rat
> 1. zur Berufswahl, zur beruflichen Entwicklung und zum Berufswechsel,
> 2. zur Lage und Entwicklung des Arbeitsmarktes und der Berufe,
> 3. zu den Möglichkeiten der beruflichen Bildung,
> 4. zur Ausbildungs- und Arbeitsstellensuche,
> 5. zu Leistungen der Arbeitsförderung,
> 6. zu Fragen der Ausbildungsförderung und der schulischen Bildung, soweit sie für die Berufswahl und die berufliche Bildung von Bedeutung sind.
>
> **§ 38 SGB III Rechte und Pflichten der Ausbildung- und Arbeitsuchenden**
> (1) Personen, deren Ausbildungs- oder Arbeitsverhältnis endet, sind verpflichtet, sich spätestens drei Monate vor dessen Beendigung persönlich bei der Agentur für Arbeit arbeitsuchend zu melden. Liegen zwischen der Kenntnis des Beendigungszeitpunktes und der Beendigung des Ausbildungs- oder Arbeitsverhältnisses weniger als drei Monate, haben sie sich innerhalb von drei Tagen nach Kenntnis des Beendigungszeitpunktes zu melden. Zur Wahrung der Frist nach den Sätzen 1 und 2 reicht eine Anzeige unter Angabe der persönlichen Daten und des Beendigungszeitpunktes aus, wenn die persönliche Meldung nach terminlicher Vereinbarung nachgeholt wird. ...

Frage 1: Keno Michel (20) ist im dritten Ausbildungsjahr als Kfz-Mechatroniker und hat in 6 Wochen den letzten Teil seiner Prüfung. Er erhält auf Nachfrage die Antwort, dass er leider nicht übernommen werden kann. Wann muss Keno Michel sich spätestens arbeitslos melden?

Frage 2: Keno Michel möchte sich telefonisch arbeitslos melden. Ist das möglich oder muss er persönlich erscheinen?

Frage 3: Seine Freundin Anne Behl (19), die vor einem Jahr die gemeinsame Tochter auf die Welt gebracht hat, möchte gern ihre eigene Ausbildung beenden. Beide wissen allerdings nicht, wie sie das finanziell bewerkstelligen sollen. Wie sollten Keno Michel und Anne Behl vorgehen? Haben Sie einen Anspruch auf Beratung?

Frage 4: Was kennzeichnet eine Maßnahme der beruflichen Fortbildung?

a) Sie führt zu einer anderen beruflichen Tätigkeit.
b) Sie baut auf einer Qualifikation auf, die in einem Ausbildungsberuf erworben wurde.
c) Sie ist immer mit einer Gehaltserhöhung verbunden.
d) Sie muss von der Agentur für Arbeit genehmigt werden.

Frage 5: Ordnen Sie die nachfolgenden „Bildungsbegriffe" entsprechend zu.

1. Aufgrund einer Mehlallergie beginnt ein Bäckergeselle eine Ausbildung zum Industriemechaniker.	
2. Ein Tischler bildet sich zum Tischlermeister weiter.	a) Berufliche Fortbildung
3. Ein Schäfer möchte einen neuen Beruf erlernen, da er in seiner jetzigen Tätigkeit keine Zukunft mehr sieht.	b) Umschulung
4. Eine Elektronikerin legt die Ausbildereignungsprüfung ab, um demnächst auszubilden.	

Frage 6: Warum wird Weiterbildung im Beruf für Arbeitnehmer immer wichtiger?

a) Die körperliche Fitness / Kondition wird gesteigert.
b) Durch Arbeitszeitverkürzung steht immer weniger Zeit für die betrieblichen Aufgaben zur Verfügung.
c) Die Kenntnisse müssen der schneller werdenden technischen Entwicklung angepasst werden.
d) Durch Weiterbildung im Beruf erhöht sich der Urlaubsanspruch.

Frage 7: Wer ist für die Überwachung von Umschulungsmaßnahmen nach dem Berufsbildungsgesetz zuständig?

a) Arbeitsagentur
b) Industrie- und Handelskammer / Handwerkskammer
c) Berufsschule
d) Deutsches Institut für Erwachsenenbildung

Frage 8: In welchem Gesetz ist die finanzielle Förderung in der beruflichen Fortbildung geregelt?

a) Berufsbildungsgesetz (BBiG)   b) Bürgerliches Gesetzbuch (BGB)
c) Handelsgesetzbuch (HGB)   d) Sozialgesetzbuch (SGB III)

Frage 9: Was sind die Besonderheiten an „Dualen Studiengängen"?

a) Beim dualen Studium werden zwei Studiengänge gleichzeitig belegt.
b) Das duale Studium verbindet die Praxis in der Hochschule mit dem Lernen in den eigenen 4 Wänden.
c) Es werden die Lernorte Hochschule/Akademie und Betrieb verbunden.
d) Nach Abschluss des dualen Studiengangs werden nur sehr wenige Studenten vom Betrieb übernommen.

Frage 10: Was ist unter beruflicher Flexibilität zu verstehen?

a) Die Anforderung, den Beruf im gleichen Betrieb häufiger zu wechseln.
b) Bei Notwendigkeit, den Wohnort zu wechseln.
c) Die Fähigkeit, sich neuen Anforderungen im Beruf zu stellen.
d) Die Möglichkeit, den Arbeitgeber jederzeit zu wechseln.

Frage 11: Die Firma Metallbau Nord AG hat ihr Computersystem umgestellt. Aufgrund der Umstellung werden Berufsbildungsmaßnahmen geplant. Welche Rechte hat der Betriebsrat in diesem Fall?

a) Der Betriebsrat hat ein Mitbestimmungsrecht.
b) Der Betriebsrat hat ein Anhörungsrecht.
c) Der Betriebsrat hat ein Informationsrecht.
d) Der Betriebsrat hat keine Rechte, da es sich um eine unternehmerische Entscheidung handelt.

Frage 12: Welches Ziel hat der Europass?

Frage 13: Was ist unter der „Europäischen Sozialcharta" zu verstehen? Nennen Sie 3 Rechte, die in der Sozialcharta benannt werden.

Frage 14: Erklären Sie kurz den Sinn des EU Programmes „Leonardo da Vinci".

Frage 15: In welcher Antwort sind nur Staaten genannt, die zur EU gehören?

a) Deutschland, Spanien, Türkei
b) Italien, Belgien, Österreich
c) Italien, Schweiz, Großbritannien
d) Niederlande, Österreich, Brasilien

Lösungen zu Fragenblock G

Frage 1: Keno Michel muss sich innerhalb von drei Tagen arbeitslos melden, da zwischen der Kenntnis des Beendigungszeitpunktes und der Beendigung des Ausbildungs- oder Arbeitsverhältnisses weniger als drei Monate liegen (§ 38 SGB III).

Frage 2: Es ist auch möglich sich telefonisch oder online arbeitslos zu melden. Die persönliche Meldung wird dann nach terminlicher Vereinbarung nachgeholt.

Frage 3: Sie sollten sich beim Arbeitsamt einen Termin zur Berufsberatung geben lassen und sich nach Förderungsmöglichkeiten erkundigen. Berufsberatung steht beiden nach §30 SGB III zu.

Frage 4: b

Frage 5: 1b, 2a, 3b, 4a

Frage 6: c

Frage 7: b

Frage 8: d

Frage 9: c

Frage 10: c

Frage 11: a

Frage 12: Ziel ist es, die Mobilität zum Lernen und Arbeiten innerhalb der Europäischen Union zu vereinfachen und zu fördern. Beispiele: Europass Lebenslauf, Europass Sprachenpass, Europass Zeugniserläuterungen

Frage 13: Die Europäische Sozialcharta (ESC) ist ein vom Europarat initiiertes völkerrechtlich verbindliches Abkommen, das der Bevölkerung innerhalb der Unterzeichnerstaaten umfassende soziale Rechte garantiert.

Rechte sind z. B.:
• das Recht auf Arbeit
• das Koalitions- oder Vereinigungsrecht
• das Recht auf Kollektivverhandlungen
• das Recht auf soziale Sicherheit
• das soziale Fürsorgerecht
• das Recht auf besonderen gesetzlichen, wirtschaftlichen und sozialen Schutz der Familie
• die Schutzrechte für Wanderarbeiter und ihre Familien

Frage 14: Leonardo da Vinci (kurz Leonardo) ist ein Programm der EU-Kommission zur Förderung der Aus- und Weiterbildung, insbesondere der grenzüberschreitenden beruflichen Bildung. Dabei werden die Projekte nicht von der EU selbst organisiert, sondern von Institutionen oder Organisationen in den einzelnen Ländern.

Frage 15: b

II. Nachhaltige Existenzsicherung

A. Soziale Sicherungssysteme / Sozialversicherung

Frage 1: Nennen Sie die 5 Sozialversicherungen inkl. des dazugehörigen Trägers.

Frage 2: Für welche Sozialversicherung zahlt allein der Arbeitgeber die Beiträge?

Frage 3: Was bedeutet die Beitragsbemessungsgrenze bei den gesetzlichen Sozialversicherungen?

Frage 4: Nennen Sie 5 Leistungen der gesetzlichen Krankenversicherung.

Frage 5: Bei der Rentenversicherung wird von einem „Generationenvertrag" gesprochen. Was ist damit gemeint?

Frage 6: Welche Leistungen werden von der Rentenversicherung getragen? Geben Sie 5 Beispiele.

Frage 7: Ordnen Sie die Leistungen der entsprechenden Sozialversicherung zu.

1) Kurzarbeitergeld	a) Berufsgenossenschaft
2) Mutterschaftshilfe	b) Pflegeversicherung
3) BAföG	c) Arbeitslosenversicherung
4) Pflegegeld	d) Krankenversicherung
5) Leistung nach Wegeunfall	e) Die Leistung wird nicht von einer Sozialversicherung bezahlt.
6) Konkursausfallgeld	
7) Unfall- und Verletztenrente	

Frage 8: Welche Personengruppen zahlen <u>nicht</u> in die gesetzlichen Sozialversicherungen ein?

Frage 9: Welche Versicherung gehört <u>nicht</u> zu den gesetzlichen Sozialversicherungen?

a) Lebensversicherung b) Krankenversicherung
c) Rentenversicherung d) Arbeitslosenversicherung

Frage 10: Ordnen Sie die Aussagen entsprechend zu?

1. Jeder Arbeitnehmer muss gegen Krankheit versichert sein.	
2. Der Arbeitnehmer hat die Wahl, in welche Krankenversicherung er einzahlt.	a) Richtig
3. Wenn das Einkommen die Beitragsbemessungsgrenze überschreitet, wird der Arbeitnehmer aus der gesetzlichen Krankenversicherung ausgeschlossen.	b) Falsch
4. Wenn das Einkommen die Beitragsbemessungsgrenze überschreitet, hat der Arbeitnehmer die Möglichkeit, sich privat zu versichern.	

Frage 11: Welche Leistung wird von der Arbeitslosenversicherung getragen?

a) Krankengeld
b) Übergangsgeld nach einem Arbeitsunfall
c) Rente wegen Minderung der Erwerbsfähigkeit
d) Kurzarbeitergeld

Frage 12: Dieter Müller ist auf dem direkten Weg zur Arbeit in einen Unfall verwickelt und wird verletzt. Welche Sozialversicherung muss die Kosten für die anstehende Krankenhausbehandlung von Herrn Müller zahlen?

a) Krankenversicherung
b) Unfallversicherung
c) Pflegeversicherung
d) KFZ-Versicherung von Herrn Müller

Frage 13: Welche der genannten Versicherungen ist eine Individualversicherung?

a) Haftpflichtversicherung
b) Gesetzliche Pflegeversicherung
c) Gesetzliche Rentenversicherung
d) Arbeitslosenversicherung

Frage 14: Welche Sozialversicherung wurde im Jahr 1995 eingeführt?

a) Krankenversicherung   b) Pflegeversicherung
c) Unfallversicherung   d) Arbeitslosenversicherung

Frage 15: Die Sozialwahl ist die Wahl zu den Organen der gesetzlichen Sozialversicherungsträger. In welchem Abstand wird sie durchgeführt?

a) Jedes Jahr   b) Alle 2 Jahre   c) Alle 4 Jahre   d) Alle 6 Jahre

Lösungen zu Fragenblock A

Frage 1:

Krankenversicherung - Krankenkassen -	Rentenversicherung - Deutsche Rentenversicherung -	Arbeitslosenversicherung - Bundesagentur für Arbeit -
Unfallversicherung - Berufsgenossenschaften -	Pflegeversicherung - Pflegekassen (bei den Krankenkassen angesiedelt) -	

Frage 2: Für die Unfallversicherung zahlt allein der Arbeitgeber die Beiträge.

Frage 3: Nur bis zu einer bestimmten Höhe des Arbeitsentgeltes werden Beiträge erhoben. Das Einkommen, das über dieser Grenze (Beitragsbemessungsgrenze) liegt, wird nicht berücksichtigt.

Frage 4:
- ✓ Leistungen bei Krankheit und Leistungen zur Früherkennung von Krankheiten
- ✓ Krankengeld
- ✓ Zahnärztliche und kieferorthopädische Behandlung
- ✓ Häusliche Krankenpflege
- ✓ Krankenhausbehandlung
- ✓ Leistungen zur medizinischen Rehabilitation

Frage 5: Die Arbeitnehmer bringen mit ihren aktuellen Beiträgen die Renten der heutigen Rentner auf. Aufgrund der starken Überalterung in Deutschland werden die heutigen Beitragszahler wohl nicht die gleichen Leistungen wie die Rentner von heute erhalten können.

Frage 6:

Altersrente	Witwen- und Waisenrente	Berufsförderung (auch Umschulung)
Renten wegen verminderter Erwerbsfähigkeit	Heilbehandlung zur Erhaltung der Erwerbsfähigkeit	
Medizinische Rehabilitation für Abhängigkeitserkrankte		

Frage 7: 1c, 2d, 3e, 4b, 5a, 6c, 7a

Frage 8:
- Unternehmer (Selbstständige)
- Beamte
- Rentner
- Arbeitnehmer mit einem Einkommen über der Versicherungspflichtgrenze <u>können</u> sich von der gesetzlichen Krankenversicherung befreien lassen und sich privat krankenversichern.

Frage 9: a

Frage 10: 1a, 2a, 3b, 4a

Frage 11: d

Frage 12: b

Frage 13: a

Frage 14: b

Frage 15: d

B. Soziale Sicherung

Situation zu den Fragen 1 - 4
Die angestellte Lisa Puk aus Lübeck hat gegen einen Bescheid ihrer Krankenkasse Widerspruch eingelegt. Auch dieser Widerspruch wurde von der Krankenkasse mit Sitz in Hamburg abgelehnt. Jetzt möchte Lisa ihr Recht auf dem Klageweg durchsetzen.

Frage 1: Wonach bestimmt sich die örtliche Zuständigkeit beim Sozialgericht?

Frage 2: Hat Lisa Puk Fristen bei Einreichung der Klage zu beachten?

Frage 3: Besteht vor dem Sozialgericht Anwaltszwang?

Frage 4: Wer trägt die Gerichtskosten, wenn Lisa Puk den Prozess verliert?

Situation zu den Fragen 5 - 8

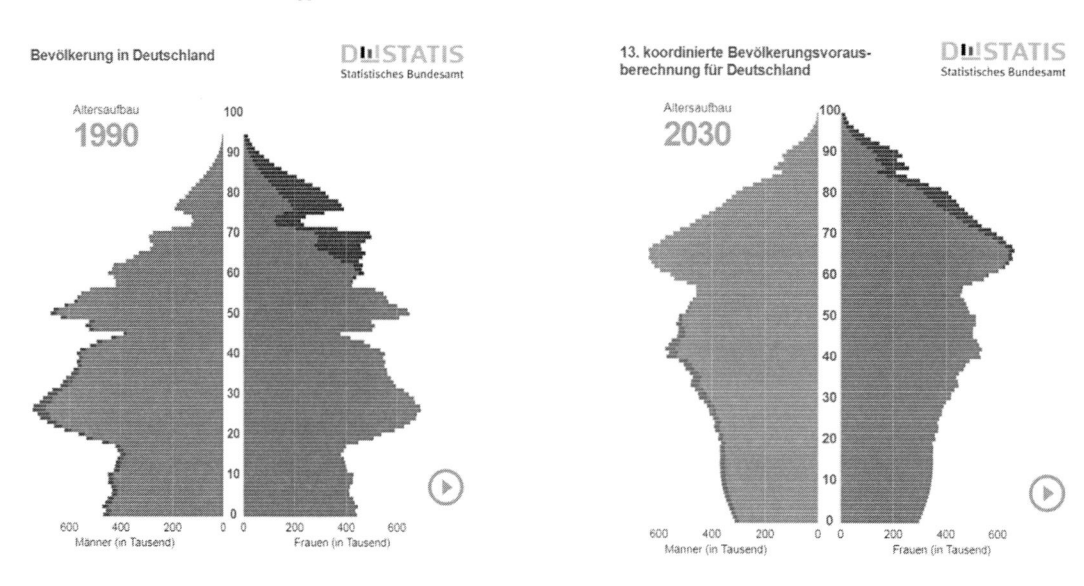

Quelle: Statistisches Bundesamt 2022, https://www.destatis.de

Frage 5: Welche Aussagen lassen sich aus der oben abgebildeten Bevölkerungsentwicklung bezüglich der Geburtenrate und der Lebenserwartung von 1990 und 2030 ableiten?

Frage 6: Welche Auswirkungen hat dieser demografische Wandel auf die Rentenbeiträge und auf die Höhe der zukünftigen Renten?

Frage 7: Was ist die „Rentenlücke"?

Frage 8: Nennen Sie 3 Möglichkeiten, wie Arbeitnehmer die „Rentenlücke" im Alter verringern können.

Situation zu den Aufgaben 9 - 12

> **Auszüge aus dem Sozialgesetzbuch (SGB III)**
>
> § 149 SGB III Grundsatz
> Das Arbeitslosengeld beträgt
>
> 1. für Arbeitslose, die mindestens ein Kind im Sinne des § 32 Absatz 1, 3 bis 5 des Einkommensteuergesetzes haben, sowie für Arbeitslose, deren Ehegattin, Ehegatte, Lebenspartnerin oder Lebenspartner mindestens ein Kind im Sinne des § 32 Absatz 1, 3 bis 5 des Einkommensteuergesetzes hat, wenn beide Ehegatten oder Lebenspartner unbeschränkt einkommensteuerpflichtig sind und nicht dauernd getrennt leben, 67 Prozent (erhöhter Leistungssatz),
>
> 2. für die übrigen Arbeitslosen 60 Prozent (allgemeiner Leistungssatz)
>
> des pauschalierten Nettoentgelts (Leistungsentgelt), das sich aus dem Bruttoentgelt ergibt, das die oder der Arbeitslose im Bemessungszeitraum erzielt hat (Bemessungsentgelt).

Frage 9: Sören Portner wurde aus betriebsbedingten Gründen entlassen. Er ist verheiratet, hat ein Kind und erfüllt die Voraussetzungen für den Bezug von ALG I für den Zeitraum von 8 Monaten. Wie hoch wäre sein Arbeitslosengeld I?

a) Das Arbeitslosengeld I beträgt 60 % seines Bruttoentgeltes.
b) Das Arbeitslosengeld I beträgt 67 % seines Bruttoentgeltes.
c) Das Arbeitslosengeld I beträgt 60 % des pauschalisierten Nettoentgeltes
d) Das Arbeitslosengeld I betragt 67 % des pauschalisierten Nettoentgeltes.

Frage 10: Welcher Grund würde eine betriebsbedingte Kündigung rechtfertigen?

a) Auftrags- und Umsatzrückgang, der das Unternehmen zum Personalabbau zwingt.
b) Beleidigung von Kollegen und Vorgesetzten.
c) Drogenmissbrauch im Betrieb.
d) Ablauf eines mehrfach befristeten Arbeitsvertrages.

Frage 11: Bei einer betriebsbedingten Kündigung ist eine Sozialauswahl zu treffen. Was ist damit gemeint?

Frage 12: Nennen Sie 3 Kriterien, die bei einer Sozialauswahl berücksichtigt werden müssen.

Frage 13: Bei den gesetzlichen Sozialversicherungen gilt das Prinzip der Solidarität. Was ist damit gemeint?

Situation zu den Fragen 14 - 15
Die Angestellte Rose Berger ist seit mittlerweile 6 Jahren Mitglied einer gesetzlichen Krankenkasse. Sie möchte zum nächstmöglichen Zeitpunkt in eine andere gesetzliche Krankenkasse wechseln.

Frage 14: Wie lange ist die Kündigungsfrist?

Frage 15: Wie lange ist Frau Berger an eine Krankenkasse nach dem Wechsel gebunden?

Lösungen zu Fragenblock B

Frage 1: Zuständig ist das Sozialgericht des Klägers, in diesem Fall somit das Sozialgericht in Lübeck.

Frage 2:
Bei einem Widerspruchsbescheid mit Rechtsmittelbelehrung beträgt die Frist einen Monat nach Erhalt des Bescheids.

Bei einem Widerspruchsbescheid ohne oder mit falscher Rechtsmittelbelehrung beträgt die Frist ein Jahr nach Erhalt des Bescheids.

Frage 3: Es besteht in der 1. Instanz und 2. Instanz vor dem Sozialgericht <u>kein</u> Anwaltszwang.

Frage 4: Es gilt vor dem Sozialgericht der Grundsatz der Kostenfreiheit. Somit kommen keine Gerichtskosten auf Lisa Puk zu. Sollte sie jedoch einen Anwalt beauftragt haben, müsste sie diese Kosten tragen. Hier könnte sie jedoch im Vorwege Prozesskostenbeihilfe beantragen.

Frage 5: Es wurden 1990 wesentlich mehr Kinder geboren als voraussichtlich 2030 geboren werden. Die Lebenserwartung erhöht sich. Dadurch gibt es wesentlich mehr ältere Menschen.

Frage 6: Immer weniger Erwerbstätige müssen immer mehr Renten finanzieren. Um dieses auszugleichen können / müssen Rentenbeiträge erhöht oder die Rentenhöhe gesenkt werden. Auch eine Erhöhung des Renteneintrittsalters wäre möglich. Aufgrund des Fachkräftemangels spielt auch der Zuzug von jungen Fachkräften eine Rolle, die in das Rentensystem einzahlen.

Frage 7: Mit Rentenlücke (auch Versorgungslücke) wird in der Regel derjenige Prozentanteil bezeichnet, um den das letzte monatliche Netto-Einkommen vor Renteneintritt die gesetzliche Altersversorgung übersteigt.

Frage 8:

Nutzung von Angeboten der betrieblichen Altersvorsorge.
Bildung von Wohneigentum. Dadurch ist evtl. mietfreies Wohnen im Alter möglich.
Nutzung von staatlich geförderten Produkten, z. B. Riester-Rente, Rürup-Rente.
Sparpläne, auch auf Fondsbasis.

Frage 9: d

Frage 10: a

Frage 11: Unter vergleichbaren Arbeitnehmern ist derjenige zu ermitteln, den eine Kündigung am wenigsten hart treffen würde.

Frage 12: Kriterien für eine betriebsbedingte Kündigung:
- Dauer der Betriebszugehörigkeit
- Lebensalter
- Unterhaltspflichten
- Schwerbehinderung

Frage 13: Grundsätzlich erhalten alle Versicherten dieselbe Leistung. Die Beiträge sind jedoch unterschiedlich, da sie sich nach der Höhe des Bruttoeinkommens richten.

Die Leistungen innerhalb der Sozialversicherung werden erbracht, wenn eine Notwendigkeit vorliegt.

Frage 14: Die Kündigungsfrist beträgt zwei Monaten zum Monatsende. Erhöht die Krankenkasse ihren Beitrag, gibt es ein Sonderkündigungsrecht.

Frage 15: Rose Berger ist 12 Monate an die neue Krankenkasse gebunden. Danach könnte sie erneut wechseln.

C. Steuern und Entgeltabrechnung

Frage 1: Ordnen Sie die Steuern entsprechend zu.

1. Umsatzsteuer	
2. Kfz-Steuer	a) Direkte Steuer
3. Hundesteuer	b) Indirekte Steuer
4. Stromsteuer	

Frage 2: Was bedeutet die Bezeichnung „progressiver Einkommenssteuertarif"?

a) Der Einkommenssteuertarif gilt nur für Unternehmer.
b) Ein höheres Einkommen wird prozentual niedriger besteuert.
c) Ein höheres Einkommen wird prozentual auch höher besteuert.
d) Höhere Einkommen werden nur bis zu einer bestimmten Grenze besteuert.

Frage 3: Welche Steuerklasse hat ein lediger und kinderloser Angestellter?

a) Steuerklasse 1
b) Steuerklasse 2
c) Steuerklasse 3
d) Steuerklasse 4

Frage 4: Welche Kosten können als Werbungskosten abgesetzt werden?

a) Anschaffungskosten für ein neues Fahrrad
b) Bewerbungskosten
c) Kurzhaarschnitt für ein akkurates Erscheinungsbild
d) Kosten für einen Urlaub

Frage 5: Für ein Produkt wird der Preis erhöht. Welche Steuer erhöht sich im gleichen Verhältnis?

a) Einkommenssteuer
b) Lohnsteuer
c) Kapitalertragssteuer
d) Umsatzsteuer

Frage 6: Welche Aussage zur "Körperschaftssteuer" ist richtig?

a) Die Körperschaftssteuer ist eine Steuer auf das Einkommen juristischer Personen.
b) Eine OHG zahlt Körperschaftssteuer.
c) Der Steuersatz der Körperschaftssteuer beträgt 25 %.
d) Die Körperschaftssteuer ist die typische Steuer der Einzelunternehmung.

Frage 7: Ordnen Sie die Steuer entsprechend zu.

1. Erbschaftssteuer	a) Gemeindesteuer
2. Grundsteuer	
3. Tabaksteuer	b) Ländersteuer
4. Grunderwerbssteuer	c) Bundessteuer
5. Hundesteuer	

Frage 8: Welches ist eine Einkunft aus nicht selbstständiger Arbeit?

a) Mieteinnahmen für die vermietete Dachgeschosswohnung
b) Urlaubsgeld
c) Zinseinnahmen aus dem Sparbuch
d) Lottogewinn

Frage 9: Ordnen Sie folgende Steuern entsprechend zu.

1) Für diese Steuer wird von der Gemeinde ein Hebesatz festgelegt.	a) Körperschaftssteuer
2) Steuer auf im Inland verkaufte Waren.	b) Gewerbesteuer
	c) Lohnsteuer
3) Ertragssteuer für juristische Personen (z. B. Aktiengesellschaften).	d) Umsatzsteuer
4) Steuer auf den Kauf / Verkauf von Grundstücken.	e) Grunderwerbssteuer

Frage 10: Welche Aussage zum Nettolohn ist richtig?

a) Der Nettolohn wird dem Arbeitnehmer ausbezahlt.
b) Vom Nettolohn sind noch die Sozialversicherungen abzuziehen.
c) Beim Nettolohn ist noch die Kirchensteuer abzuziehen.
d) Vom Nettolohn wird noch die Lohnsteuer abgezogen und abgeführt.

Frage 11: Sonja Rasant fährt mit ihrem Auto ins 40 km entfernte Hamm zur Arbeit. Sie lässt sich einen Steuerfreibetrag entsprechend eintragen. Welche Auswirkung hat der Freibetrag?

a) Der Lohnsteuerfreibetrag senkt den Nettolohn.
b) Der Lohnsteuerfreibetrag senkt das zu versteuernde Bruttoeinkommen.
c) Der Steuerfreibetrag erhöht das zu versteuernde Bruttoeinkommen.
d) Der Lohnsteuerfreibetrag wird auf den Nettolohn geschlagen und muss versteuert werden.

Frage 12: Wie können folgende Ausgaben steuerlich eingeordnet werden?

1. Krankheitskosten (ab einer gewissen Höhe)	
2. Kosten für eine Bewerbung	a) Werbungskosten
3. Beiträge zur Haftpflichtversicherung	b) Außergewöhnliche Belastung
4. Gewerkschaftsbeitrag	c) Vorsorgeaufwendungen
5. Beiträge zur gesetzlichen Rentenversicherung	

Situation zu den Fragen 13 - 15
Der Mitarbeiter Georg Müller aus der Fertigung hat ein Bruttogehalt von 2485,00 €, Steuerklasse I, kein Kinderfreibetrag, Kirchensteuer 9 % und Lohnsteuer 338,16 €.

Frage 13: Wie hoch ist die Kirchensteuer?

Weitere Abzüge von Georg Müller sind:
- Rentenversicherung: 18,6 %
- Arbeitslosenversicherung: 2,4 %
- Krankenversicherung: 14,6 %
- Pflegeversicherung: 3,05 %
- Anteil Pflegeversicherung für Kinderlose: 0,35 %

Frage 14: Berechnen Sie das Nettogehalt.

Frage 15: Die Beiträge für die Kranken- und Pflegeversicherung werden voraussichtlich in den nächsten Jahren weiter steigen. Nennen Sie 3 Gründe für diese Entwicklung.

Lösungen zu Fragenblock C

Frage 1: 1b, 2a, 3a, 4b

Frage 2: c

Frage 3: a

Frage 4: b

Frage 5: d

Frage 6: a

Frage 7: 1b, 2a, 3c, 4b, 5a

Frage 8: b

Frage 9: 1b, 2d, 3a, 4e

Frage 10: a

Frage 11: b

Frage 12: 1b, 2a, 3c, 4a, 5c

Frage 13:

Kirchensteuer: 9 % von 338,16 € (Lohnsteuer) = **30,43 €.**

Frage 14:

Bruttogehalt		2485,00 €
- Lohnsteuer		338,16 €
- Kirchensteuer		30,43 €
- Krankenversicherung	(7,3 % Arbeitnehmeranteil)	181,41 €
- Rentenversicherung	(9,3 % Arbeitnehmeranteil)	231,11 €
- Arbeitslosenversicherung	(1,20 % Arbeitnehmeranteil)	29,82 €
- Pflegeversicherung	(1,525 % Arbeitnehmeranteil)	37,90 €
- Pflegeversicherung Kinderlose (0,35 %)		8,70 €
Nettogehalt		**1627,47 €**

Frage 15: Gründe für die Erhöhung der Kosten in der Kranken- und Pflegeversicherung:

- Durch den demografischen Wandel zahlen immer weniger junge (gesunde) Arbeitnehmer ein. Immer mehr ältere Arbeitnehmer nehmen Leistungen in Anspruch.
- Die Menschen werden immer älter und verursachen mit höherem Alter steigende Kosten.
- Der medizinische Fortschritt ermöglicht eine bessere Behandlung. Dies ist mit Kosten für Forschung und Entwicklung verbunden.
- Durch längere Ausbildungszeiten sinkt der Zeitraum, in denen (reguläre volle) Beiträge bezahlt werden.

D. Private Absicherung / Vorsorge

Frage 1: Was sind Individualversicherungen?

Frage 2: Die private Krankenzusatzversicherung ist eine Individualversicherung. Nennen Sie 3 weitere Versicherungen, die der zusätzlichen Absicherung der Person dienen.

Frage 3: Ordnen Sie nachfolgende Versicherungen entsprechend zu.

1. Haftpflichtversicherung	
2. Hausratversicherung	a) Sachversicherung
3. Rechtsschutzversicherung	
4. Wohngebäudeversicherung	b) Vermögensversicherung
5. Kfz-Haftpflichtversicherung	

Frage 4: Leonie Körner möchte nach der Geburt ihres Sohnes die Familie absichern, falls sie plötzlich versterben sollte. Welche Versicherung wäre dafür besonders geeignet?

Situation zu den Fragen 5 - 8
Vera Müller, 24 Jahre, arbeitet als Elektrikerin in einem Industrieunternehmen. Sie möchte etwas für ihre Altersvorsorge tun.

Frage 5: Was ist ein Entgeltpunkt?

Frage 6: Welche Vorteile liegen bei der Anlage in Aktienfonds?

Frage 7: Vera Müller interessiert sich für eine fondsgebundene Lebensversicherung. Erklären Sie die Grundzüge.

Frage 8: Gibt es Risiken bei der Anlage der fondsgebundenen Rentenversicherung im Vergleich zur klassischen Variante?

Frage 9: Welche private Versicherung soll im Falle einer Krankheit oder eines Unfalls einen Verdienstausfall mindern?

Frage 10: Tom Sommer hat ausversehen Cola über das Notebook eines Bekannten geschüttet und musste das Notebook ersetzen. Er möchte in Zukunft gegen solche Missgeschicke versichert sein. Welche Versicherung sollte er abschließen?

Lösungen zu Fragenblock D

Frage 1: Individualversicherungen sind Versicherungen, bei denen das Versicherungsverhältnis aufgrund eines meist <u>freiwilligen</u> privatrechtlichen Versicherungsvertrags zustande kommt.

Frage 2:

Risikolebensversicherung	Kapitallebensversicherung	Private Unfallversicherung
Berufsunfähigkeitsversicherung		Private Rentenversicherung

Frage 3: 1b, 2a, 3b, 4a, 5b

Frage 4: Eine Risikolebensversicherung wäre besonders geeignet. Sie zahlt im Todesfall einen vorher vereinbarten Betrag aus.

Frage 5: Der Entgeltpunkt ist ein wichtiger Faktor der Rentenformel. Jedes Jahr wird der Verdienst von Vera Müller mit dem Durchschnittsverdienst aller Versicherten verglichen. Entspricht er exakt dem Durchschnittsverdienst in diesem Jahr, ergibt sich 1 Entgeltpunkt.

Frage 6: Die Anlage in breit gestreuten Aktienfonds hat bei längerer Anlagedauer in den letzten 30 Jahren die größte Rendite erwirtschaftet in Vergleich mit anderen Anlageformen.

Frage 7: Die fondsgebundene Lebensversicherung ist eine Variante der verbreiteten Kapitallebensversicherung. Der Sparanteil wird in einen oder mehrere Investmentfonds angelegt und dem Versicherten direkt zugeordnet. So kann von den Zuwächsen am Kapitalmarkt profitiert werden.

Frage 8: Ein bestimmter Betrag kann zum Ablauf des Vertrages nicht garantiert werden, da die Wertentwicklung der Fonds nicht vorausgesehen werden kann. Zur Minimierung des Risikos können sicherheitsorientierte Anlagen (z. B. der Risikostufe 1) gewählt werden.

Frage 9: Die Berufsunfähigkeitsversicherung

Frage 10: Er sollte eine private Haftpflichtversicherung abschließen. Sie gehört zu den wichtigsten Versicherungen, da schnell auch weitaus höhere Schäden entstehen können.

E. Lebensplanung, Berufsplanung

Frage 1: Was ist unter Potentialanalyse zu verstehen?

Frage 2: Was ist Veränderungskompetenz?

Frage 3: Welche Kompetenz wird bei den nachfolgenden Beispielen hauptsächlich angesprochen?

1. Karla Karel kann gut selbständig Informationen beschaffen.	a) Fachkompetenz
2. Leon Müller kennt sich gut in der Buchhaltung aus.	
3. Jonas Wolters kann verschiedene Formen des Lernens gut einsetzen.	b) Methodenkompetenz
4. Tom Wulmer kann Aufgaben besonders gut in einer Gruppe bearbeiten.	c) Sozialkompetenz
5. Sonja Prinz nimmt Kritik gut auf und akzeptiert sie.	

Situation zu den Fragen 4 - 6
Ben Gluck möchte in Elternzeit gehen und fragt nach den Bedingungen, die in seinem Betrieb möglich sind.

Frage 4: In welchem Gesetz ist die Elternzeit geregelt?

Frage 5: Herr Gluck möchte die vollen 36 Monate Elternzeit nehmen, hat aber Sorgen, dass er den Kontakt zum Betrieb verlieren könnte. Wie könnte der Betrieb ihm diese Sorge nehmen?

Frage 6: Herr Gluck ist sehr an einem Platz im Betriebskindergarten interessiert. Welche Vorteile bringt eine solche Betreuung mit sich?

Situation zu den Fragen 7 - 8
Jette Sommer möchte nach dem Abschluss der Ausbildung als Bäckerin im Betrieb bleiben.

Frage 7: Was ist in diesem Zusammenhang unter „Rollenerwartung im Beruf" zu verstehen?

Frage 8: Was ist unter einem Rollenkonflikt zu verstehen?

Situation zu den Fragen 9 - 11
Lisa Trampert hat ihre Ausbildung mit sehr gut abgeschlossen. Sie macht sich Gedanken über ihre weitere berufliche Zukunft.

Frage 9: Was ist unter Karriereplanung zu verstehen?

Frage 10: Nennen Sie 3 grundsätzliche Fragen, die sich Lisa bei der Karriereplanung stellen könnte.

Frage 11: Was ist unter einem Mentor / Coach zu verstehen?

Situation zu den Fragen 12 - 13
Leonie Topper hat den Betrieb gewechselt um weitere berufliche Erfahrungen zu sammeln. Ihr neuer Abteilungsleiter Paul Seiters liebt den Befehlston. Er duldet keine Fragen oder Widerspruch und erwartet Gehorsam.

Frage 12: Wie wird dieser Führungsstil genannt?

Frage 13: Der Befehlston hat zu einer geringeren Motivation der Mitarbeiter/-innen in der Abteilung geführt. Nennen Sie 5 Symptome, die auf eine geringe Motivation schließen lassen.

Lösungen zu Fragenblock E

Frage 1: Potenzialanalyse bezeichnet die strukturierte Untersuchung des Vorhandenseins bestimmter Eigenschaften (Fähigkeiten).

Frage 2: Veränderungskompetenz ist die Fähigkeit zu flexibler Reaktion bei Veränderungen im Umfeld und die Bereitschaft zu lebenslangem Lernen.

Frage 3: 1b, 2a, 3b, 4c, 5c

Frage 4: Der Anspruch auf Elternzeit ist im Bundeselterngeld- und Elternzeitgesetz (§ 15 BEEG) geregelt.

Frage 5: Herrn Gluck wird ein Zugang zu den betriebsinternen Informationen (z. B. E-Mail Verteiler, Zeitschriften, Intranet) ermöglicht, damit kein Informationsdefizit durch die Elternzeit entsteht. Auch die Teilnahme an Betriebsausflügen, Firmenfesten, Jubiläen fördern das Zugehörigkeitsgefühl zum Betrieb.

Frage 6:

Arbeits- und Kinderbetreuungsweg sind identisch.
Betriebsklima oft entspannter, da alle Beschäftigten die gleichen Arbeitszeiten abdecken können.
Kinderbetreuungszeiten sind den Arbeitszeiten angepasst. Eltern kommen oft schneller an den Arbeitsplatz zurück (stärkere Bindung an das Unternehmen).
Betriebskindergärten erhöhen die Vereinbarkeit von Familie und Beruf, da diese Betriebe auch oft Teilzeitmodelle anbieten.

Außerdem wirkt sich ein Betriebskindergarten positiv auf das Image der Firma aus. Hohe Attraktivität bei jungen, engagierten Führungs- und Fachkräften.

Frage 7: Eine Rolle wird von einem Menschen erwartet, der zu einem bestimmten Zeitpunkt bzw. zu einer bestimmten Situation sich an die Gesellschaft (oder an den Betrieb) anpassen soll. Beispiele: Rolle als neuer Kollege, Lehrer, Auszubildender.

Frage 8: Ein Rollenkonflikt entsteht, wenn ein Mitarbeiter die Erwartungen nicht erfüllt, die an ihn z. B. durch seinen Kollegen oder durch seinen Vorgesetzten gestellt werden.

Frage 9: Karriereplanung ist das Erstellen einer Strategie, um Karriere zu machen. Die Strategie beinhaltet Maßnahmen, die zu einem vorab festgelegten Karriereziel führen sollen.

Frage 10:

✓ Welchen Stellenwert hat mein Beruf im Vergleich zu anderen Lebensbereichen, z. B. Familie, Hobby …?
✓ Was soll im Beruf auf mittlere Sicht erreicht werden?
✓ Was will ich langfristig im Beruf erreichen?
✓ Welche Werte sind für mich wichtig?
✓ Was sind meine Stärken? Kann ich damit mein Ziel erreichen?
✓ Welche Kompetenzen sind für das Erreichen meiner Ziele notwendig?

Frage 11: Ein Mentor bzw. ein Coach kann bei der Karriereplanung helfen, da er über entsprechendes Fachwissen, Netzwerk verfügt bzw. denjenigen motivieren kann, seine Ziele weiter im Blick zu behalten, auch wenn es schwierig wird (z.B. Motivationstiefs, Stillstand).

Frage 12: Autoritärer Führungsstil

Frage 13:

Negative Meinung zum Betrieb.
Zunahme von Fehlzeiten und Krankschreibungen.
Verweigerung von Leistung (Dienst nach Vorschrift).
Passive oder resignative Ausstrahlung.
Keine Beteiligung an betrieblichen Diskussionen.
Kein Interesse an Weiterbildung oder Aufstiegsmöglichkeiten.

F. Existenzgründung

Frage 1: Nennen Sie 5 Faktoren, die bei der Wahl des Standortes bei einer Unternehmensgründung von Bedeutung sein können.

Situation zu den Fragen 2 - 3
Selina Simmer möchte für ihre neue Firma einen Transporter anschaffen und beschäftigt sich bei der Finanzierung mit einem Leasingangebot von der Firma Comfort Leasing GmbH.

Frage 2: Nennen Sie Vor- und Nachteile der Finanzierung über Leasing.

Frage 3: Wie wären die Besitz- und Eigentumsverhältnisse beim Leasing in diesem Fall?

Situation zu den Fragen 4 - 5
Lasse Petersen hat eine neuartige Leiter entwickelt. Er will diese Leiter herstellen und verkaufen.

Frage 4: Lasse Petersen überlegt, welche Gesellschaftsform er wählen soll. Welche Aussage ist richtig?

a) Bei einer Einzelunternehmung kann er die Geschäftsführung allein ausüben.
b) Zur Gründung einer GmbH muss er sich einen Partner suchen.
c) Bei einer KG könnte er die Geschäftsführung als Kommanditist übernehmen.
d) Eine AG ist speziell für kleinere Unternehmen gut geeignet, da die Gründungskosten gering sind.

Frage 5: Lasse Petersen hat sich für ein Einzelunternehmen entschieden und möchte die Firma ins Handelsregister eintragen lassen. Wie könnte der Firmennamen lauten?

a) Lasse Petersen GmbH
b) Lasse Petersen International
c) Lasse Petersen e. K.
d) Lasse Petersen OHG

Frage 6: Vor Start eines Unternehmens sollten wichtige Dinge geplant werden. Ordnen Sie die Fragestellung dem entsprechenden Plan zu.

1. Wann und wie sollen Kunden gewonnen werden?	a) Personalplanung
2. Sollen Mitarbeiter eingestellt werden?	b) Finanzierungsplan
3. Wie hoch ist der Kapitalbedarf für Maschinen?	c) Marketingplan
4. Wie viel Fremdkapital wird benötigt?	d) Investitionsplan

Situation zu den Fragen 7 - 9
Jonas Pakolatz arbeitet in einem größeren KFZ-Betrieb als Meister. Nach mehreren Jahren möchte er sich selbstständig machen.

Frage 7: Über welche Voraussetzungen sollte ein Unternehmensgründer allgemein verfügen? Unterscheiden Sie in persönliche und fachliche Voraussetzungen.

Frage 8: Es kommt auch die Übernahme einer bestehenden Firma in Frage. Nennen Sie je 4 Vorteile und Nachteile, die bei einer Übernahme auftreten können.

Frage 9: Jonas Pakolatz ist sich mit Herbert Walter einig und möchte dessen Betrieb übernehmen. Er möchte nur 3 der 6 fest angestellten Mitarbeiter behalten. Wie ist die Rechtslage?

Situation zu den Fragen 10 - 11
Emil Steiger steht vor der Selbstständigkeit.

Frage 10: Er möchte sich informieren, welche Genehmigungen und Erlaubnisse für seine selbstständige Tätigkeit nötig sind. Wo kann er das tun?

Frage 11: Was ist unter einer Sachkundeprüfung zu verstehen?

Frage 12: Welche Aufgaben haben Innungen? Nennen Sie 5 Aufgaben.

Frage 13: Bei welcher berufsständischen Organisation ist ein Handwerksbetrieb Pflichtmitglied?

Frage 14: Was sollte ein zukünftiger Unternehmer im Blick haben?

a) Er sollte auf eine geregelte Arbeitszeit bestehen.
b) Es sollte eine erfolgsversprechende Geschäftsidee vorliegen.
c) Einnahmen und Ausgaben des Betriebes müssen gleich hoch sein.
d) Während der ersten Jahre sollte auf eine Krankenversicherung aus Kostengründen verzichtet werden.

Frage 15: Bei einer Existenzgründung können auch Hilfestellungen (z. B. Fördermittel) in Anspruch genommen werden. Welche Institutionen stehen oft beratend zur Seite? Geben Sie 3 Beispiele.

Lösungen zu Fragenblock F

Frage 1:

Erreichbarkeit und Verkehrsanbindung
Konkurrenz und Wettbewerb
Kaufkraft der Bevölkerung
Einzugsgebiet
Nähe zu Lieferanten
Parkmöglichkeiten
Mietpreis für Büro, Geschäft, …
Vorschriften für Handwerksbetriebe (z. B. Lärmschutz)

Frage 2:

Vorteile	Nachteile
Liquidität wird geschont, da das Fahrzeug nicht gekauft werden muss.	Höhere Leasingkosten durch Risikoprämie und Gewinn der Leasingfirma.
Finanzmittel können für andere Zwecke verwendet werden.	Leasing Vertrag in der Regel nicht kündbar.
Leasingraten sind steuerlich als Betriebsausgaben voll absetzbar.	Kein Eigentumserwerb. Leasing-Fahrzeug geht nach Ende des Vertrages an die Leasing-Firma zurück.

Frage 3: Die Firma Comfort Leasing ist Eigentümer des Transporters. Selina Simmer ist Besitzerin.

Frage 4: a

Frage 5: c

Frage 6: 1c, 2a, 3d, 4b

Frage 7:

Persönliche Voraussetzungen	Fachliche Voraussetzungen
Körperliche und psychische Belastbarkeit	Branchenkenntnisse
Eignung als Unternehmer z. B. kontaktfreudig, risikobereit, aufgeschlossen	Berufserfahrung / Qualifikation, z. B. Meisterbrief, Studium
Fähigkeit zur Selbstmotivation	Betriebswirtschaftliche Kompetenzen
Ausdauer	Produktkenntnisse
Finanzielle Rücklagen, vor allem für die Anfangszeit	Marketingkenntnisse

Frage 8:

Mögliche Vorteile Firmenübernahme	Mögliche Nachteile Firmenübernahme
Produkte und Dienstleistungen sind am Markt erprobt.	Meinungsverschiedenheiten mit vorherigem Eigentümer.
Übernahme von Kunden.	Umgang mit übernommenen Mitarbeitern.
Einfachere Finanzierung.	Kunden sind an Geschäftsgebaren des alten Inhabers gewöhnt.
Fachkundige Mitarbeiter/-innen vorhanden, Personalsuche entfällt somit.	Veraltete Strukturen und Unternehmensprozesse.
Expertenrat vom vorherigen Eigentümer.	Überhöhter Kaufpreis möglich.
Schleppende Startphase wird vermieden.	Investitionsstau

Frage 9: Nach § 613 a des Bürgerlichen Gesetzbuchs (BGB) tritt der Käufer beim Erwerb eines Unternehmens grundsätzlich in die Rechte und Pflichten aus Arbeitsverhältnissen ein, die zum Zeitpunkt des Betriebsübergangs bestehen. Er wird in diesem Fall neuer Arbeitgeber aller 6 Arbeitnehmer.

Frage 10:
- Industrie- und Handelskammer
- Handwerkskammer
- Existenzgründerportale, z. B. Existenzgründerportal des Bundesministeriums für Wirtschaft und Energie
- Verbände
- Gewerbeamt
- Gewerbeaufsichtsamt

Frage 11: Für manche Geschäftstätigkeiten müssen Unternehmer / Existenzgründer bestimmte Qualifikationen vorweisen. Dafür führt die Industrie- und Handelskammer Sachkundeprüfungen durch. Je nach Berufsfeld kann die Sachkundeprüfung inhaltlich variieren.

Frage 12:

- Pflege des Gemeingeistes und der Berufsehre sowie Förderung eines guten Verhältnisses zwischen Meistern, Gesellen und Lehrlingen.
- Förderung der gemeinsamen gewerblichen Interessen ihrer Mitglieder.
- Förderung des handwerklichen Könnens (z. B. durch Lehrgänge).
- Erstellung von Gutachten und Auskünfte über Angelegenheiten im Handwerk.
- Vermittlung bei Streitigkeiten zwischen Mitgliedern und ihren Auftraggebern.
- Abnahme der Gesellenprüfungen sind im Auftrag der Handelskammer möglich.

Frage 13: Bei der Handwerkskammer ist der Handwerksbetrieb Pflichtmitglied.

Frage 14: b

Frage 15:

✓ Industrie- und Handelskammer und Handwerkskammer (Gründungsberatung, Existenzgründerseminare)

✓ Kreditinstitute (evtl. Fördermittel möglich)

✓ Arbeitsagentur (evtl. Gründungszuschuss möglich)

III. Unternehmen, Organisationen und private Marktteilnehmende

A. Unternehmen und Organisationen

Frage 1: Welches primäre Ziel verfolgen private Unternehmen?

a) Gewinnminimierung
b) Gewinnerzielung
c) Schaffung von Arbeitsplätzen
d) Deckung der Kosten

Frage 2: Durch welche Maßnahme könnte die Arbeitsproduktivität gesteigert werden?

a) Die Arbeitszeit wird verkürzt.
b) Die Arbeitszeit wird verlängert.
c) Eine neue, modernere Maschine wird angeschafft.
d) 2 neue Mitarbeiterinnen werden eingestellt.

Frage 3: Bei welchem Beispiel wird nach dem Minimalprinzip gehandelt (Ökonomisches Prinzip)?

a) Ein Malermeister vergleicht die Preise für Farbe, und kauft beim günstigsten Anbieter.
b) Ein Malermeister kauft für einen bestimmten Betrag so viel Farbe wie möglich.
c) Ein Malermeister holt mindestens 5 verschiedene Angebote ein.
d) Ein Malermeister versucht möglichst viel Farbe für einen möglichst geringen Preis zu kaufen.

Frage 4: Welche Aussage zum Maximalprinzip (Ökonomisches Prinzip) ist richtig?

a) Mit möglichst geringen Mitteln soll ein bestimmter Ertrag erzielt werden.
b) Mit gegebenen Mitteln soll ein möglichst hoher Ertrag erzielt werden.
c) Mit möglichst geringen Mitteln soll ein möglichst hoher Ertrag erzielt werden.
d) Mit gegebenen Mitteln soll ein gegebener Ertrag erzielt werden.

Frage 5: Ein Autohaus hat eine neue Hebebühne angeschafft. Welches Fachwort beschreibt diese Aktion?

a) Umsatz   b) Werbung   c) Investition   d) Hypothek

Frage 6: Nach welcher Formel wird die Rentabilität eines Unternehmens berechnet?

a)	$\dfrac{\text{Gewinn} \times 100}{\text{Kapital}}$	b)	$\dfrac{\text{Gewinn} \times \text{Kapital}}{100}$
c)	$\dfrac{\text{Gewinn} \times 100}{\text{Fixkosten}}$	d)	$\dfrac{\text{Kapital} \times 100}{\text{Gewinn}}$

Frage 7: Die Firma Bike AG stellt Fahrräder her. Ordnen Sie die Abteilungen entsprechend zu.

1) Montage der Räder	
2) Einkauf von Bremstrommeln	a) Beschaffung
3) Entwicklung eines neuen Rahmens	
4) Kundenpflege	b) Produktion
5) Ermittlung von Bezugsquellen für bessere Speichen	c) Absatz
6) Marketing	

Situation zu den Fragen 8 - 12

In einer Schlosserei wurden an einem Arbeitstag von 4 Mitarbeitern 24 Geländer gefertigt. Dabei wurden 336 kg Stahl verbraucht. Das kg Stahl kostete im Einkauf 4,50 Euro / kg. Ein fertiges Geländer wird für 185,00 € verkauft. Die Arbeitskosten eines Mitarbeiters sind mit 46,00 € pro Stunde anzusetzen.

Frage 8: Wie hoch ist die Produktivität pro Tag?

Frage 9: Berechnen Sie die Wirtschaftlichkeit.

Frage 10: Nennen Sie 3 Maßnahmen, durch die sich die Wirtschaftlichkeit bei der Produktion der Geländer erhöhen würde.

Frage 11: Durch Verhandlungen mit einem neuen Lieferanten konnte der Einkaufspreis für Stahl um 8 % gesenkt werden. Wie wirkt sich das auf die Produktivität aus?

Frage 12: Wie wären die Auswirkungen des gesenkten Stahlpreises auf die Wirtschaftlichkeit?

Situation zu den Fragen 13 - 15
Aus der Buchführung einer Metallbaufirma erhalten Sie nachfolgendes Zahlenmaterial:

Gewinn: 65.000,00 €
Eigenkapital: 300.000,00 €
Fremdkapital: 240.000,00 €

Frage 13: Wie hoch ist die Rentabilität?

Frage 14: Arbeitet das Unternehmen rentabel?

Frage 15: Warum ist die Rentabilität eine wichtige Kennzahl für das Unternehmen?

Lösungen zu Fragenblock A

Frage 1: b

Frage 2: c

Frage 3: a

Frage 4: b

Frage 5: c

Frage 6: a

Frage 7: 1b, 2a, 3b, 4c, 5a, 6c

Frage 8:

Produktivität = $\dfrac{\text{Ausbringungsmenge}}{\text{Einsatzmenge}}$ = $\dfrac{24 \text{ Geländer}}{4 \text{ Mitarbeiter}}$ = **6 Geländer pro Mitarbeiter**

Frage 9:

Arbeitskosten: 4 Mitarbeiter x 8 Std. x 46,00 € = 1472,00 €
Materialkosten: 336 kg Stahl x 4,50 € = 1512,00 €
Aufwand gesamt: 2984,00 €

Ertrag = 24 Geländer x 185,00 € = 4440,00 €

Wirtschaftlichkeit = $\dfrac{\text{Ertrag}}{\text{Aufwand}}$ = $\dfrac{4440,00 \text{ €}}{2984,00 \text{ €}}$ = **1,49**

Frage 10:

✓ Erhöhung der Verkaufspreise.

✓ Senkung des Einkaufspreises für den Stahl.

✓ Erhöhung der Produktivität. Die gleiche Menge an Geländern wird mit weniger Arbeitskräften produziert oder mit der gleichen Anzahl der Arbeitskräfte wird mehr produziert.

Frage 11: Der gesunkene Stahlpreis hat keine Auswirkungen auf die Produktivität.

Frage 12:

Arbeitskosten: 4 Mitarbeiter x 8 Std. x 46,00 € = 1472,00 €
Materialkosten: 336 kg Stahl x 4,14 € = 1391,04 €
Aufwand gesamt: 2863,04 €

Ertrag = 24 Geländer x 185,00 € = 4440,00 €

$$\text{Wirtschaftlichkeit} = \frac{\text{Ertrag}}{\text{Aufwand}} = \frac{4440,00\ €}{2863,04\ €} = \mathbf{1{,}55}$$

Die Wirtschaftlichkeit würde sich verbessern.

Frage 13:

$$\text{Rentabilität} = \frac{\text{Gewinn} \times 100}{\text{Gesamtkapital}} = \frac{65.000,00\ € \times 100}{540.000,00\ €} = \mathbf{12{,}04\ \%}$$

Frage 14: Das Unternehmen arbeitet rentabel. Das eingesetzte Kapital wird mit 12,04 % verzinst.

Frage 15: Die Rentabilität ist eine wichtige Kennzahl, weil der Gewinn in Relation zum eingesetzten Kapital gesetzt wird.

B. Unternehmensformen

Frage 1: Peter Porti, Harald Hase und Susi Sesselmann wollen eine Firma gründen. Peter Porti und Harald Hase sollen voll haften. Susi Sesselmann haftet nur mit ihrer Einlage. Welche Gesellschaftsform wäre geeignet?

Frage 2: Ordnen Sie anhand der Beschreibung die Gesellschaftsform zu.

1) Betrieb eines Gewerbes durch mehrere Personen bei unbeschränkter Haftung.	a) AG
2) Ein Unternehmer trägt allein die Verantwortung und haftet auch allein mit seinem Privatvermögen	b) OHG
	c) GbR
3) Haftungsbeschränkung auf das Stammkapital. Leitung durch Geschäftsführung.	d) Einzelunternehmung
	e) e. G.
4) Die Gesellschaftsform ist für größere Firmen gut geeignet. Firmenanteile werden über die Börse verkauft.	f) GmbH

Frage 3: Nennen Sie 3 Personengesellschaftsformen und 2 Kapitalgesellschaftsformen. Wer führt jeweils die Geschäfte?

Frage 4: Ordnen Sie folgende Aussagen zur Personengesellschaft entsprechend zu.

1. Die Haftung bei Personengesellschaften ist unbeschränkt.	
2. Die Errichtung durch nur eine Person ist möglich.	a) Richtig
3. Die Gründung einer Personengesellschaft ist aufwendiger als die Gründung von Kapitalgesellschaften.	b) Falsch
4. Es besteht eine gesamtschuldnerische Haftung der Gesellschafter.	

Frage 5: Welches ist ein Merkmal eines Einzelunternehmens?

a) Der Inhaber haftet mit seinem Firmen- und Privatvermögen.
b) Ein Einzelunternehmen ist bei Banken besonders kreditwürdig.
c) Entscheidungen dauern etwas länger.
d) Der Inhaber haftet nur mit dem Firmenvermögen. Das Privatvermögen ist geschützt.

Frage 6: Welche Organe hat eine GmbH?

a) Hauptversammlung, Aufsichtsrat, Vorstand
b) Gesellschafter, Vorstand, Aufsichtsrat
c) Gesellschafterversammlung, Vorstand und Aufsichtsrat
d) Gesellschafterversammlung, Geschäftsführer und Aufsichtsrat (bei größeren Unternehmen über 500 Mitarbeitern)

Frage 7: Zu welchem Zeitpunkt ist eine GmbH fähig, Rechtsgeschäfte abzuschließen?

a) Mit der Eintragung ins Handelsregister
b) Ab einem von den Gesellschaftern bestimmten Zeitpunkt
c) Mit der Unterschrift unter dem Gesellschaftervertrag
d) Dem der Gründung nachfolgenden Monatsersten

Frage 8: Wer haftet bei einer Aktiengesellschaft?

a) Der Aktionär haftet mit dem Kurswert seiner Aktie, die über dem Nennwert liegt.
b) Der Vorstand und der Aufsichtsrat haften gesamtschuldnerisch.
c) Der Vorstand haftet unbeschränkt.
d) Die Aktiengesellschaft haftet mit ihrem Gesellschaftsvermögen.

Frage 9: Welches der genannten Unternehmen ist eine Personengesellschaft?

a) Müller Feinkost GmbH
b) Peter Meier, Maschinenbau
c) Kaewel Maschinen AG
d) Meierei Ostsee e.G.

Frage 10: Um welche Gesellschaftsform handelt sich bei der Firma „Druckerei Müller GmbH & Co. KG"?

a) Um eine GmbH
b) Um eine Offene Handelsgesellschaft
c) Um eine Kommanditgesellschaft
d) Um eine Aktiengesellschaft

Frage 11: Was ist bei der Organisation eines Betriebes unter Aufbauorganisation zu verstehen?

Frage 12: Unterscheiden Sie Produktbreite und Produkttiefe und geben Sie je ein Beispiel aus der Möbelbranche.

Frage 13: Was unterscheidet die Serienfertigung von der Sortenfertigung?

Frage 14: Der Staat greift mit der Wettbewerbspolitik in den freien Wettbewerb am Markt ein. Weshalb tut der Staat das?

Frage 15: Erläutern Sie die Begriffe Angebotsmonopol, Polypol und Oligopol.

Lösungen zu Fragenblock B

Frage 1: Ein Kommanditgesellschaft (KG) wäre geeignet. Peter Porti und Harald Hase haften als Komplementäre voll. Susi Sesselmann haftet als Kommanditistin nur mit ihrer Einlage.

Frage 2: 1b, 2d, 3f, 4a

Frage 3:

Personengesellschaften	Geschäftsführung
Offene Handelsgesellschaft (OHG)	Jeder Gesellschafter einzeln, bei außergewöhnlichen Geschäften zusammen
Kommanditgesellschaft (KG)	Komplementär
Gesellschaft bürgerlichen Rechts (GBR)	Alle Gesellschafter zusammen

Kapitalgesellschaften	Geschäftsführung
Gesellschaft mit beschränkter Haftung (GmbH)	Geschäftsführer/-in
Aktiengesellschaft (AG)	Vorstand

Frage 4: 1a, 2b, 3b, 4a

Frage 5: a

Frage 6: d

Frage 7: a

Frage 8: d

Frage 9: b

Frage 10: c

Frage 11: Die Aufbauorganisation bildet das hierarchische Gerüst im Unternehmen. Sie beschreibt, welche Aufgaben und Rechte von welchen Personen wahrgenommen werden. Es wird somit auch festgelegt, wer Weisungsbefugnis hat und Verantwortung übernimmt.
Die Aufbauorganisation wird im sogenannten Organigramm dargestellt.

Frage 12: Die **Produktbreite** beschreibt die Anzahl der verschiedenen Produktgruppen / Produktarten, die hergestellt werden.
Beispiel: Ein Möbelfabrikant stellt Tische, Schränke und Betten her.

Die **Produkttiefe** beschreibt die Zahl der unterschiedlichen Variationen innerhalb einer Produktgruppe.
Beispiel: Ein Möbelfabrikant stellt Schränke für Kinderzimmer, Wohnzimmer, Büro und für weitere Verwendungen her.

Frage 13:
Bei der Serienfertigung wird von <u>gleichen Produkten</u> eine größere, aber begrenzte Anzahl hergestellt.
Bei der Sortenfertigung werden von <u>einem Grundprodukt</u> verschiedene Varianten hergestellt.

Frage 14: Der Staat versucht im Interesse der Verbraucher sowie aller Unternehmen (unabhängig von Größe und Rechtsform) einen funktionsfähigen, möglichst unbeschränkten Wettbewerb zu gewährleisten.

Frage 15:

Angebotsmonopol:	Es gibt einen Anbieter und viele Nachfrager.
Polypol:	Es gibt viele Anbieter und viele Nachfrager.
Oligopol:	Es gibt wenige Anbieter und viele Nachfrager.

C. Rolle von privaten Marktteilnehmenden

Frage 1: Ordnen Sie die Bedürfnisse entsprechend zu.

1. Schutz bei Krankheit	a) Grundbedürfnisse
2. Nahrung, Kleidung	
3. Bildung	b) Sicherheitsbedürfnisse
4. Saubere Luft	c) Kulturbedürfnisse
5. Bücher lesen	

Frage 2: Was ist unter „Bedarf" zu verstehen?

a) Bedarf ist das <u>mit Kaufkraft</u> abgedeckte Verlangen nach Gütern zur Befriedigung der Bedürfnisse.
b) Als Bedarf werden Kulturbedürfnisse bezeichnet.
c) Bedarf ist das <u>ohne Kaufkraft</u> abgedeckte Verlangen nach Gütern zur Befriedigung der Bedürfnisse.
d) Bedarf entsteht nur bei der Nachfrage nach Luxusgütern.

Frage 3: Ab wann ist eine Person rechtsfähig?

Frage 4: Benennen Sie Altersgrenzen der verschiedenen Abstufungen der Geschäftsfähigkeit.

Frage 5: Die 16-jährige Carla kauft sich einen neuen PC im Wert von 299,00 €. Sie hat ihre Eltern vorab nicht informiert. Liegt ein gültiger Kaufvertrag vor?

Frage 6: Ordnen Sie die Rechtsgeschäfte entsprechend zu.

1) Kündigung der Mietwohnung	
2) Abschluss eines Darlehensvertrag	a) Einseitiges Rechtsgeschäft
3) Abschluss eines Mietvertrages	
4) Erstellen eines Testaments	b) Zweiseitiges Rechtsgeschäft
5) Abschluss eines Kaufvertrages	

Frage 7: Wie kommt ein Kaufvertrag grundsätzlich zustande?

Frage 8: In Kaufverträgen ist häufig folgender Satz zu finden: „Die Ware bleibt bis zur vollständigen Bezahlung Eigentum des Verkäufers". Welche Auswirkungen hat diese Klausel?

Frage 9: Welche Aussage zum Kaufvertrag ist richtig?

1. Der Kaufvertrag ist ein einseitiges Rechtsgeschäft.	
2. Ein Kaufvertrag muss immer schriftlich erfolgen.	a) Richtig
3. Kaufverträge für Grundstücke müssen notariell beurkundet werden.	b) Falsch
4. Der Kaufvertrag ist ein zweiseitiges Rechtsgeschäft.	

Frage 10: Ordnen Sie folgende Verträge entsprechend zu.

1. Überlassung von Sachen zum Gebrauch und Fruchtgenuss (Ertrag) gegen Entgelt.	a) Kaufvertrag
	b) Leihvertrag
2. Erwerb eines Gegenstandes gegen Entgelt.	c) Arbeitsvertrag
3. Herstellung eines Werkes gegen Entgelt.	d) Pachtvertrag
4. Ein Arbeitnehmer tritt eine neue Stelle als Kfz-Mechatroniker an.	e) Werkvertrag

Frage 11: Was ist unter „Allgemeine Geschäftsbedingungen" (AGB) zu verstehen?

a) Es sind vorformulierte Vertragsbedingungen, die eine Vertragspartei der anderen Vertragspartei (dem Vertragspartner) bei Abschluss eines Vertrages stellt.
b) In den AGB werden die Gewährleistungsansprüche ausgeschlossen.
c) Die AGB brauchen von Privatpersonen nicht beachtet zu werden. Sie regeln Rechtsgeschäfte unter Kaufleuten.
d) In den AGB werden gesetzliche Rechte von Verbrauchern ausgeschlossen.

Frage 12: Wann sind Mängel zu rügen (beim Handelskauf)?

a) Die Ware muss bei Eingang kontrolliert werden. Offene und versteckte Mängel sind sofort zu rügen.
b) Die Ware muss bei Eingang kontrolliert werden. Offene Mängel sind sofort zu rügen, versteckte Mängel unverzüglich nach Entdeckung.
c) Beim Handelskauf ist die Ware innerhalb von 14 Tage zu prüfen und innerhalb von 21 Tagen zu rügen.
d) Beim Handelskauf ist die Ware innerhalb von 21 Tagen zu prüfen und innerhalb von 28 Tagen zu rügen.

Frage 13: Welche Rechte hat der Käufer beim Verbrauchsgüterkauf, wenn die Nachbesserung zweimal nicht das entsprechende Resultat gebracht hat?

Frage 14: Erklären Sie die Unterschiede zwischen Gewährleistung, Garantie und Kulanz.

Frage 15: Was sind nichtige Rechtsgeschäfte? Nennen Sie 3 Beispiele.

Lösungen zu Fragenblock C

Frage 1: 1b, 2a, 3c, 4a, 5c

Frage 2: a

Frage 3: Mit der Vollendung der Geburt beginnt die Rechtsfähigkeit.

Frage 4:

Geschäftsunfähig	Beschränkt Geschäftsfähig	Voll Geschäftsfähig
Geburt bis 7. Lebensjahr	7. bis 18. Lebensjahr	Ab dem vollendeten 18. Lebensjahr

Frage 5: Der Kaufvertrag ist schwebend unwirksam, da Carla nur beschränkt geschäftsfähig ist. Durch die nachträgliche Zustimmung der gesetzlichen Vertreter wird das Rechtsgeschäft gültig.

Frage 6: 1a, 2b, 3b, 4a, 5b

Frage 7: Ein Kaufvertrag kommt durch zwei übereinstimmende Willenserklärungen zustande (Antrag und Annahme). Es gilt der Grundsatz der Formfreiheit.

Frage 8: Der Verkäufer bleibt Eigentümer der Ware, der Käufer ist lediglich Besitzer. Wenn der Käufer seinen Zahlungsverpflichtungen nicht nachkommt, kann der Verkäufer die Herausgabe der Ware nach einer Nachfrist verlangen.

Frage 9: 1b, 2b, 3a, 4a

Frage 10: 1d, 2a, 3e, 4c

Frage 11: a

Frage 12: b

Frage 13:

Recht auf Rücktritt vom Kaufvertrag:
Vorher muss dem Verkäufer die Möglichkeit der Nacherfüllung eingeräumt werden.

Recht auf Minderung:
Der Kaufpreis wird entsprechend des Mangels gemindert.

Recht auf Schadensersatz / Ersatz vergeblicher Aufwendungen:
Voraussetzung ist, dass der Käufer eine angemessene Nachfrist zur Nacherfüllung gesetzt hat und diese erfolglos abgelaufen ist. Darüber hinaus muss dem Verkäufer beim Zugang der Fristsetzung deutlich werden, dass der Käufer nach Ablauf dieser Frist einen Schadensersatz verlangen wird.

Frage 14:

Gewährleistung:	Gesetzliche Verpflichtung des Verkäufers, die Kaufsache in fehlerfreiem Zustand zu übergeben. Auftretende Fehler berechtigen den Käufer, sog. Rechte auf Nacherfüllung (z. B. Reparatur) geltend zu machen. Die Gewährleistungsfrist beträgt innerhalb der EU 2 Jahre ab Übergabe.
Garantie:	Freiwilliges Versprechen eines Verkäufers, für bestimmte Fehler einzustehen und diese nachzubessern. Im Unterschied zur Gewährleistung bezieht sich die Garantie auch auf Fehler, die erst nach der Übergabe auftreten.
Kulanz:	Entgegenkommen des Verkäufers bei auftretenden Mängeln nach Ablauf einer Gewährleistungs- / Garantiezeit, z. B. Beteiligung an Reparaturen.

Frage 15: Nichtige Rechtsgeschäfte sind von Anfang an ungültig. Sie gelten als nicht abgeschlossen.

Beispiele:
- Verstoß gegen Formvorschriften, z. B. Grundstückskauf ohne notarielle Beurkundung.
- Scherzgeschäft, z. B. Verkauf eines Grundstücks auf dem Saturn.
- Rechtsgeschäfte mit Geschäftsunfähigen: 6-jähriger Junge kauft eine Nusstorte.
- Verstoß gegen Strafgesetze: Drogenhandel

D. Verbraucherschutz, Kredite

Frage 1: Was ist unter Verbraucherschutz zu verstehen?

Frage 2: Nennen Sie 4 wichtige Aufgaben der Verbraucherzentralen.

Frage 3: Welche Behörde kann Zusammenschlüsse von Unternehmen verbieten, missbräuchliche Verhaltensweisen untersagen, Auflagen erteilen und Geldbußen verhängen?

Frage 4: Nennen Sie 4 Gesetze oder Verordnungen zum Verbraucherschutz.

Situation zu den Fragen 5 - 6
Melina Müller möchte ein neues Sofa für ihr Wohnzimmer kaufen. Da sie im Moment nicht so viel Geld auf dem Konto hat, möchte sie in Raten bezahlen.

Frage 5: Welches wären mögliche Nachteile eines Ratenkaufs?

Frage 6: Welche Frist gibt es beim Widerruf eines Ratenkaufs?

Frage 7: Käufe über das Internet und Haustürgeschäfte können innerhalb einer bestimmten Frist widerrufen werden. Innerhalb welcher Frist ist dies möglich? Muss ein Grund für den Widerruf genannt werden?

Frage 8: Welches der genannten Käufe ist ein Verbrauchsgüterkauf?

a) Ein Verbraucher kauft von seinem Nachbarn ein gebrauchtes Fahrrad.
b) Ein Verbraucher kauft bei einem Fahrradfachgeschäft ein neues Fahrrad.
c) Ein Fahrradfachgeschäft bezieht vom Großhändler Ersatzteile.
d) Ein Fahrradfachgeschäft nimmt ein Fahrrad von einer Privatperson in Zahlung.

Frage 9: Wie lautet die gesetzliche Gewährleistungsfrist beim Verbrauchsgüterkauf?

a) 6 Monate   b) 1 Jahr   c) 2 Jahre   d) 3 Jahre

Frage 10: Auf eine Bestellung hin wird eine fehlerhafte elektrische Zahnbürste geliefert. Wie wird dies genannt?

a) Lieferungsverzug
b) Annahmeverzug
c) Schlechtleistung
d) Nachlieferung

Frage 11: Ordnen Sie zu, ob das Rechtsgeschäft an eine bestimmte Form gebunden ist.

1. Kauf eines teuren Fernsehers inkl. Soundsystem.	
2. Verkauf eines Grundstücks an einen Bekannten.	a) Formfrei
3. Erstellung eines Testaments.	b) Nicht formfrei
4. Kauf eines neuen Autos.	

Frage 12: Mia Kramer ist umgezogen und möchte eine neue Küche mit einem Überziehungskredit finanzieren. Nehmen Sie dazu Stellung.

a) Vor dem Kauf sollte ein Gespräch mit der Bank über verschiedene Finanzierungsmöglichkeiten geführt werden.
b) Ein Überziehungskredit ist gut für langfristige Investitionen geeignet.
c) Die Kreditzinsen können steuerlich gut abgesetzt werden.
d) Beim Überziehungskredit sind die Zinsen meist gering.

Frage 13: Ordnen Sie die Beschreibung dem entsprechenden Privatkredit zu.

1. Geduldeter Überziehungskredit	a) Kredit, wenn die Endfinanzierung gesichert ist, aber nicht in Anspruch genommen werden darf, weil deren Auszahlungsvoraussetzungen noch nicht erfüllt sind.
2. Dispositionskredit	b) Kreditbeanspruchung ohne vorherige Bankvereinbarung oder Einräumung eines Überziehungskredits.
3. Ratenkredit	c) Eingeräumte Überziehungsmöglichkeit von z. B. 3 Monatsgehältern.
4. Zwischenkredit	d) Kreditsumme wird in festen monatlichen Teilbeträgen zurückgezahlt.

Frage 14: Sonja Sommer kauft sich einen neuen Kühlschrank. Die Lieferung erfolgt „frei Haus"? Welche Bedeutung hat dieser Zusatz?

a) Der Verkäufer übernimmt den Transport. Die Kosten dafür trägt der Käufer
b) Der Verkäufer übernimmt den Transport und auch die Kosten dafür.
c) Der Käufer hat dafür zu sorgen, dass der Zugang zum Haus frei ist.
d) Der Käufer holt die Waren ab. Die Kosten für den Transport zum Haus trägt der Verkäufer.

Frage 15: Wer hat die Kosten für Verpackung und Versand zu tragen, wenn beim Kauf nichts vereinbart wurde?

a) Verpackung Verkäufer / Versand Käufer
b) Die Kosten werden geteilt.
c) Verpackung und Versand bezahlt der Verkäufer.
d) Verpackung und Versand bezahlt der Käufer.

Lösungen zu Fragenblock D

Frage 1: Verbraucherschutz bezeichnet die Maßnahmen, die Menschen in ihrer Rolle als Verbraucher von Gütern oder Dienstleistungen schützen sollen, insbesondere vor gesundheitlichen und wirtschaftlichen Schäden.

Frage 2:

Verbrauchzentralen …
… verfolgen Rechtsverstöße durch Abmahnung und Klagen.
… verschaffen einen Überblick bei Produkten und Dienstleistungen.
… informieren Medien und Öffentlichkeit über wichtige Verbraucherthemen.
… vertreten Verbraucherinteressen auf politisch-parlamentarischer Ebene.
… beraten unabhängig und individuell.
… führen Aktionen, Projekte und Ausstellungen zu interessanten Verbraucherthemen durch.

Frage 3: Das Bundeskartellamt

Frage 4:
- ✓ Bürgerliches Gesetzbuch (BGB) mit Regelungen zu Ratenkauf, Haustürgeschäften, Verbraucherdarlehen, Fernabsatzgesetz, …
- ✓ Produkthaftungsgesetz
- ✓ Preisangabenverordnung
- ✓ Gesetz gegen unlauteren Wettbewerb

Frage 5:
- Aufbau finanziellen Drucks durch mehrere Ratenverträge, Gefahr der Überschuldung.
- Oft kein Verhandlungsspielraum über den Preis (Skonto, Rabatt).
- Zinsbelastung und Gebührenbelastung durch den Ratenkredit.

Frage 6: Die Widerrufsfrist beim Ratenkauf beträgt 14 Tage.

Frage 7: Der Widerruf ist innerhalb von 14 Tagen <u>ohne</u> Angabe von Gründen möglich.

Frage 8: b

Frage 9: c

Frage 10: c

Frage 11: 1a, 2b, 3b, 4a

Frage 12: a

Frage 13: 1b, 2c, 3d, 4a

Frage 14: b

Frage 15: d

E. Weltwirtschaft und soziale Marktwirtschaft

Frage 1: Erklären Sie den Unterschied zwischen der freien Marktwirtschaft und der sozialen Marktwirtschaft.

Frage 2: Wie bilden sich Preise in der freien Marktwirtschaft grundsätzlich?

Frage 3: Welche Aussagen zu einem Kartell sind richtig?

1. Ein Kartell ist ein Zusammenschluss von selbständig bleibenden Unternehmen.	
2. Mindestens 4 Firmen sind zur Bildung eines Kartells notwendig.	a) Richtig
3. Es entsteht bei der Bildung eines Kartells eine neue Firma.	b) Falsch
4. Staatliche Verbote oder Regulierungen sind im Kartellrecht geregelt.	

Frage 4: Welches ist das wichtigste Exportgut Deutschlands?

a) Öl b) Baumwolle c) Maschinen d) Exotische Hölzer

Frage 5: Wenn Deutschland Exportüberschüsse erzielt, bedeutet das, dass ...

a)... der Wert der eingeführten Waren den Wert der ausgeführten Waren übersteigt.
b)... der Wert der ausgeführten Waren den Wert der eingeführten Waren übersteigt.
c)... der Wert der ausgeführten Waren mit dem Wert der eingeführten Waren übereinstimmt.
d)... die Anzahl der ausgeführten Waren im nächsten Jahr reduziert werden muss.

Frage 6: Welche Auswirkung hat eine sinkende Konjunktur auf den Arbeitsmarkt?

a) Der Auftragseingang nimmt zu und es werden viele Einstellungen vorgenommen.
b) Die Konjunktur hat keinen Einfluss auf den Arbeitsmarkt.
c) Die Zahl der Arbeitslosen nimmt ab.
d) Die Zahl der Arbeitslosen steigt.

Frage 7: Ordnen Sie die Stichpunkte entsprechend zu.

1. Regelung der gesamten Produktion durch Jahrespläne	
2. Vertragsfreiheit	a) Marktwirtschaft
3. Gesellschaftliches Eigentum an Produktionsmitteln	b) Planwirtschaft
4. Investitionen werden zentral gelenkt.	
5. Streben nach maximalen Gewinn	

Frage 8: Welcher Wert gibt den Gesamtwert aller Güter (Waren und Dienstleistungen) an, die innerhalb eines Jahres innerhalb der Landesgrenzen einer Volkswirtschaft hergestellt wurden?

a) Bruttonationaleinkommen
b) Bruttoinlandsprodukt
c) Nettoinlandsprodukt
d) Volkseinkommen

Frage 9: Die Europäische Zentralbank senkt die Zinsen. Was will sie damit erreichen?

a) Investitionen erschweren.
b) Die Konjunktur bremsen.
c) Die Konjunktur ankurbeln.
d) Kredite verteuern.

Frage 10: Der Euro wird aufgewertet. Wie wirkt sich das auf die deutschen Produkte außerhalb des Euro-Raumes aus?

a) Deutsche Produkte werden billiger.
b) Deutsche Produkte werden teurer.
c) Es gibt keine Auswirkungen.
d) Der Export steigt stark an.

Frage 11: Ordnen Sie die Kurzbeschreibungen der Konjunkturphase zu.

1. Die Konjunktur ist auf dem Tiefstand.	a) Rezession
2. Die Auftragsbestände und die Produktion steigen.	b) Boom
3. Das Bruttosozialprodukt sinkt.	c) Depression
4. Die Wirtschaft ist voll ausgelastet. Es herrscht Vollbeschäftigung.	d) Aufschwung

Frage 12: Ein Unternehmen erhält weniger Aufträge und muss Mitarbeiter entlassen. Welcher Fachausdruck passt hierfür?

a) Rezession
b) Deflation
c) Expansion
d) Konjunkturerholung

Frage 13: Was ist Inflation? Nennen Sie 4 Folgen einer Inflation.

Situation zu den Fragen 14 - 15
In Wirtschaftsnachrichten ist häufig von „Globalisierung" zu lesen und zu hören.

a) Was ist unter „Globalisierung" zu verstehen?

b) Nennen Sie 4 negative Auswirkungen der Globalisierung.

Lösungen zu Fragenblock E

Frage 1: Um stärkere soziale Ungerechtigkeiten zu verhindern, greift der Staat durch Regeln in die freie Marktwirtschaft ein. Zum Beispiel verhindert das Kündigungsschutzgesetz, dass Arbeitnehmer jederzeit und ohne Grund entlassen werden können.

Frage 2: Die Preisbildung erfolgt durch Angebot und Nachfrage.

Frage 3: 1a, 2b, 3b, 4a

Frage 4: c

Frage 5: b

Frage 6: d

Frage 7: 1b, 2a, 3b, 4b, 5a

Frage 8: b

Frage 9: c

Frage 10: b

Frage 11: 1c, 2d, 3a, 4b

Frage 12: a

Frage 13: Inflation bezeichnet eine zu starke Ausdehnung der Geldmenge im Verhältnis zur realen Produktion von Gütern und Leistungen.

Die Folge ist in der Regel eine allgemeine und anhaltende Erhöhung der Güterpreise, gleichbedeutend mit einer Minderung der Kaufkraft des Geldes.

Weitere Folgen:
- Flucht in Sachwerte (z. B. in Gold, Immobilien)
- Vertrauensverlust in die Währung
- Sparguthaben werden reduziert.
- Preissteigerungen

Frage 14: Der Begriff Globalisierung bezeichnet den Vorgang, dass weltweite Verflechtungen in vielen Bereichen der Wirtschaft (aber auch Politik, Kultur, Umwelt) zunehmen.

Frage 15:

- Zunahme des internationalen Wettbewerbs und dadurch negative Auswirkungen auf die Arbeitsplätze (Arbeitsplatzsicherheit, schlechte Arbeitsbedingungen, Dumpinglöhne, Kinderarbeit).

- Lange, nicht ökologische Transportwege.

- Ausbeutung der Natur.

- Zunahme des Unterschiedes zwischen armen und reichen Ländern.

F. Standortwettbewerb und Nachhaltigkeit

Situation zu den Fragen 1 - 5
Die Tischlerei Nimetz OHG mit 95 Mitarbeiter/-innen setzt vermehrt auf das Thema Nachhaltigkeit.

Frage 1: Was ist unter Nachhaltigkeit zu verstehen?

Frage 2: Nennen Sie 5 Maßnahmen, wie Umweltschutz in der Verwaltungsabteilung umgesetzt werden kann.

Frage 3: Der Verpackungsmüll bei Warenanlieferungen soll reduziert werden. Wie kann das erreicht werden? Nennen Sie 4 Maßnahmen.

Frage 4: Was sind alternative Energien?

Frage 5: Beurteilen Sie folgende Vorschläge

1. Vermehrter Einkauf bei regionalen Zulieferern.	
2. Bezug von günstigem Fleisch aus Massentierhaltung für die Betriebskantine.	a) Nachhaltig
3. Vermehrter Einsatz von Mehrweggebinden.	
4. Wenig Nutzung von Fairtrade Produkten.	b) Nicht nachhaltig
5. Solaranlage auf dem Dach zur eigenen Stromproduktion.	

Frage 6: Welchen Zweck hat das Kreislaufwirtschaftsgesetz im Allgemeinen?

Situation zu den Fragen 7 - 10
Beim Autohaus Nord-West GmbH & Co. KG kam es trotz eines übertariflichen Gehalts in der letzten Zeit vermehrt zu Kündigungen. Besonders der Werkstattbereich war betroffen. Aus diesem Grund sollen jetzt Führungsgrundsätze implementieren werden.

Frage 7: Welche Inhalte sollten in Führungsgrundsätzen berücksichtigt werden?

Frage 8: Nach Erstellung der neuen Führungsgrundsätze sollen diese eingeführt werden. Nennen Sie 3 unterstützende Maßnahmen.

Frage 9: Was versteht man unter Work-Life-Balance?

Frage 10: Die Personalverantwortliche Frau Meiser überlegt zur weiteren Stressreduktion mit dem ortsansässigen Fitnessstudio einen Deal auszuhandeln, dass Mitarbeiter /-innen einen geringeren Mitgliedsbeitrag zahlen. Die Differenz übernimmt das Autohaus. Macht das Sinn?

Lösungen zu Fragenblock F

Frage 1: Nachhaltigkeit ist ein Handlungsprinzip zur Nutzung der Ressourcen. Die natürlichen Regenerationsfähigkeiten der beteiligten Systeme (vor allem von Lebewesen und Ökosystemen) sollen gewährleistet werden.

Frage 2:

Abfälle trennen (Papier, Kunststoff, Glas, …).
Altgeräte, Batterien und Akkus fachgerecht entsorgen.
Moderne Beleuchtungsanlagen einsetzen (LED Leuchten).
Beleuchtung in leeren Büros / Räumen ausschalten.
Effizientes Lüften (Stoßlüften).
Bei Neuanschaffung von Bürogeräten auf die Energieeffizienz achten.

Frage 3:
- ✓ Bei Warenannahme die Verpackungen gleich dem Lieferanten zurückgeben.
- ✓ Rohstoffe und Hilfsstoffe in größeren Gebinden beziehen.
- ✓ Mehrwegverpackungen verwenden.
- ✓ Verwendung umweltfreundlicher Füllstoffe.
- ✓ Vermehrt Pfandflaschen einsetzen.

Frage 4: Energieträger, die im Rahmen des menschlichen Zeithorizonts praktisch unerschöpflich zur Verfügung stehen oder sich verhältnismäßig schnell erneuern. Beispiele: Windkraft, Wasserkraft, Sonnenenergie, Erdwärme

Frage 5: 1a, 2b, 3a, 4b, 5a

Frage 6: Nach § 1 des KrWG ist der Zweck die Förderung der Kreislaufwirtschaft zur Schonung der natürlichen Ressourcen und die Sicherung der umweltverträglichen Bewirtschaftung von Abfällen.

Frage 7:

Vertrauen in die Mitarbeiter/-innen
Wertschätzender und respektvoller Umgang
Motivation und Orientierung
Schaffung und Erhaltung eines guten Arbeitsklimas
Schaffung von Kompetenzen
Mitsprache und Berücksichtigung der Anregungen von Mitarbeitern.

Frage 8:

✓ Aufnahme in das Anforderungsprofil von Führungskräften.
✓ Berücksichtigung der Führungsgrundsätze bei jährlichen (regelmäßigen) Beurteilungen.
✓ Erstellen von Maßnahmen zur Erreichung von Teilzielen.
✓ Umfrage unter Mitarbeitern über das Führungsverhalten der Vorgesetzten.

Frage 9: Gleichgewicht von Arbeit und Leben (im weiteren Sinn auch: Vereinbarkeit von Familie und Beruf). Gemeint ist, wie die Arbeitszeit und Privatleben (Freizeit) im Verhältnis zueinanderstehen, sich unterstützen / möglichst im Einklang sind.

Frage 10: Stress bringt den Körper in Anspannung, bremst die Leistungsfähigkeit und macht auf Dauer krank. Sportliche Betätigung gehört zu den Stressbekämpfern / Ressourcen. Daher macht die Investition Sinn und dient auch der Gesunderhaltung der Mitarbeiter /-innen.

IV. Übungsaufgaben

A. Gemischte Übungsaufgaben I

Situation zu den Fragen 1 - 4

> **Auszug aus dem Gesetz zum Schutze der arbeitenden Jugend (Jugendarbeitsschutzgesetz - JArbSchG)**
>
> § 11 Ruhepausen, Aufenthaltsräume
>
> (1) Jugendlichen müssen im Voraus feststehende Ruhepausen von angemessener Dauer gewährt werden. Die Ruhepausen müssen mindestens betragen
>
> 1. 30 Minuten bei einer Arbeitszeit von mehr als viereinhalb bis zu sechs Stunden,
> 2. 60 Minuten bei einer Arbeitszeit von mehr als sechs Stunden.
>
> Als Ruhepause gilt nur eine Arbeitsunterbrechung von mindestens 15 Minuten.
>
> (2) Die Ruhepausen müssen in angemessener zeitlicher Lage gewährt werden, frühestens eine Stunde nach Beginn und spätestens eine Stunde vor Ende der Arbeitszeit. Länger als viereinhalb Stunden hintereinander dürfen Jugendliche nicht ohne Ruhepause beschäftigt werden.
>
> (3) Der Aufenthalt während der Ruhepausen in Arbeitsräumen darf den Jugendlichen nur gestattet werden, wenn die Arbeit in diesen Räumen während dieser Zeit eingestellt ist und auch sonst die notwendige Erholung nicht beeinträchtigt wird.

Max Fiedler ist 17 Jahre und macht eine Ausbildung zum Industriemechaniker und arbeitet zurzeit in der Werkstatt.

Frage 1: Wie hoch ist sein Pausenanspruch während eines 8 Stunden Tages?

Frage 2: Wie lange darf er ohne Pause arbeiten?

Frage 3: Der Ausbilder legt seine Pause an das Ende der Arbeitszeit so, das Max früher gehen kann. Nehmen Sie dazu Stellung.

Frage 4: Max soll die Pause neben seiner Werkbank machen, während die Arbeitskollegen neben ihm weiterarbeiten. Ist das erlaubt?

Frage 5: Erklären Sie kurz folgende Begriffe aus dem Lohnbereich:

| Bruttolohn | Übertariflicher Lohn | Nettolohn | Nominallohn | Mindestlohn |

Frage 6: Wer wählt den Betriebsrat und die Jugend- und Auszubildendenvertretung?

Frage 7: Was ist unter „Duale Ausbildung" zu verstehen?

a) Der Ausbildungsvertrag wird von 2 Parteien (Auszubildende/r und Betrieb) unterschrieben.
b) Die IHK führt 2 verschiedene Prüfungen, die praktische und die schriftliche Prüfung, durch.
c) Die Berufsausbildung wird durch die Berufsschule und den Ausbildungsbetrieb durchgeführt.
d) Die Zusammenarbeit von Betrieb und Industrie- und Handelskammer oder Handwerkskammer wird als "Duales System" bezeichnet.

Frage 8: Die Auszubildende Sina Kiewel besteht ihre Abschlussprüfung mit dem letzten Prüfungsteil am 25. Juni. Die Ergebnisse werden ihr noch am gleichen Tag mitgeteilt. Ihr Ausbildungsvertrag läuft noch bis zum 31. Juli. Wann endet das Ausbildungsverhältnis?

a) Am 25. Juni
b) Am 31. Juli
c) Am Tage der Freisprechung
d) Am Ende des Monats, in dem die letzte Prüfung stattfand. In diesem Fall am 30. Juni.

Frage 9: Lena Weinrich wünscht ein qualifiziertes Zeugnis. Welcher Text weist auf ein qualifiziertes Ausbildungszeugnis hin?

a) Das Firma Metallbau Herrmann ist seit über 80 Jahren in Neustadt tätig.
b) Frau Lena Weinrich hat ihre Ausbildung am 25.08… mit Erfolg abgeschlossen.
c) Frau Weinrich wurde im dritten Lehrjahr in der Filiale in Oldenburg eingesetzt.
d) Frau Weinrich hat im dritten Ausbildungsjahr die Filiale in Oldenburg in Abwesenheit der Filialleiterin zu unserer vollen Zufriedenheit geführt. Sie konnte durch neue Ideen überzeugen.

Frage 10: Zwischen welchen Verbänden finden Tarifverhandlungen statt?

a) Zwischen dem Arbeitsamt und den Gewerkschaften
b) Zwischen dem Arbeitgeberverband und der Berufsgenossenschaft
c) Zwischen dem Arbeitgeberverband und der Gewerkschaft
d) Zwischen der Industrie- und Handelskammer und den Gewerkschaften

Frage 11: Ein Arbeitnehmer erhält einen Bruttolohn von 2850,00 Euro. Wovon wird der Beitrag für die gesetzliche Krankenversicherung berechnet?

a) Vom Nettolohn
b) Vom Bruttolohn
c) Vom Bruttolohn abzüglich der Lohn- und Kirchensteuer
d) Vom Bruttolohn abzüglich der Werbungskosten

Frage 12: Welches Beispiel trifft auf ein "einseitiges Rechtsgeschäft" zu?

a) Sandra Ehl kauft einen neuen Rasenmäher.
b) Peter Gutau mietet eine neue Wohnung.
c) Theo Müller kündigt seine alte Wohnung.
d) Bea Tahler nimmt einen Ratenkredit bei einer Bank auf.

Frage 13: Wie lange haben Sie Zeit, einen Kauf im Internet zu widerrufen?

a) 7 Tage
b) 14 Tage
c) 21 Tage
d) 1 Monat

Frage 14: Wodurch lässt sich die Produktivität eines Unternehmens steigern?

a) Es werden neue Mitarbeiter eingestellt und somit die Anzahl der Belegschaft erhöht.
b) Die wöchentliche Arbeitszeit wird reduziert.
c) Es wird eine Sonderzahlung für die Mitarbeiter in Aussicht gestellt.
d) Die Produktionsmenge pro Tag wird erhöht.

Frage 15: Welcher Punkt kennzeichnet den Begriff "Marktwirtschaft"?

a) Preisbildung durch Angebot und Nachfrage.
b) Preise werden durch ein Institut festgelegt.
c) Die Preise werden durch den Staat festgelegt.
d) Es wird durch den Staat ein Plan aufgestellt.

Lösungen zu Fragenblock A

Frage 1: Max hat Anspruch auf 60 Minuten Pause.

Frage 2: Eine Pause muss spätestens nach viereinhalb Stunden Arbeitszeit erfolgen.

Frage 3: Die Pause muss spätestens eine Stunde vor Ende der Arbeitszeit genommen werden. Sie darf somit nicht an das Ende der Arbeitszeit gelegt werden.

Frage 4: Nein, das ist nicht erlaubt. Entweder muss Max den Arbeitsraum verlassen oder die Kollegen müssen während seiner Pause die Arbeit einstellen.

Frage 5:

Bruttolohn:	Lohn vor Abzug von Steuern und Sozialversicherungen.
Übertariflicher Lohn:	Der Lohn liegt über dem geltenden Tarifvertrag.
Nettolohn:	Lohn nach Abzug von Steuern und Sozialversicherungen.
Nominallohn:	Lohn, der keine Aussagen über die Kaufkraft des Geldes zulässt. Die Kaufkraft des Geldes kann z. B. durch Inflation sinken.
Mindestlohn:	Am 01.01.2015 wurde in Deutschland ein gesetzlicher Mindestlohn eingeführt, um „Lohndumping" zu verhindern.

Frage 6:

Betriebsrat	Jugend- und Auszubildendenvertretung
Alle Arbeitnehmer über 18 Jahren sind wahlberechtigt.	Alle Auszubildenden (unabhängig vom Alter) und die Beschäftigten unter 18 Jahren sind wahlberechtigt.

Frage 7: c

Frage 8: a

Frage 9: d

Frage 10: c

Frage 11: b

Frage 12: c

Frage 13: b

Frage 14: d

Frage 15: a

B. Gemischte Übungsaufgaben II

Situation zu den Fragen 1 - 5

Beurteilen Sie die Rechte des Betriebsrates in folgenden Fällen.

Frage 1: Einem Arbeitnehmer wird fristgerecht gekündigt.

Frage 2: Bei der Nordost Metallbau GmbH & Co. KG wird ein neuer Prokurist eingestellt.

Frage 3: Die tägliche Arbeitszeit soll um eine Stunde nach hinten verlegt werden.

Frage 4: Auf dem Grundstück einer Außenstelle soll ein Rauchverbot eingeführt werden.

Frage 5: Die Merkur AG beschließt, ein neues Produkt zu entwickeln und auf den Markt zu bringen.

Frage 6: Ergänzen Sie folgenden Lückentext zum Thema Sozialversicherungen.

Rechtsgrundlage der Sozialversicherungen ist das ………………………………..…….

Bis auf die …………………………………..werden die Sozialversicherungen je zur Hälfte von Arbeitgeber und Arbeitnehmer getragen.

Wie lange …………………………..gezahlt wird, hängt davon ab, wie lange Betroffene vor der Arbeitslosigkeit sozialversicherungspflichtig beschäftigt waren und vom ………………………….

Rehabilitationsmaßnahmen zur Wiederherstellung der Arbeitsfähigkeit werden von der …………..……………………getragen.

Das Prinzip, sich in der Sozialversicherung gegenseitig zu helfen, wird auch ………………………………….. genannt.

Frage 7: Welches sind Voraussetzungen für den Bezug von Arbeitslosengeld I. Ordnen Sie entsprechend zu.

1. Der Antrag muss persönlich gestellt werden.	
2. Der Antragsteller muss jederzeit telefonisch erreichbar sein.	a) Richtig
3. Der Antragsteller muss dem Arbeitsmarkt zur Verfügung stehen.	
4. Die Anwartschaft muss erfüllt sein.	b) Falsch
5. Es muss eine eigene Wohnung (Eigentum oder Miete) vorliegen.	

Frage 8: Welcher Betrieb ist dem Bereich Handwerk zuzuordnen?

a) Rechtsanwaltskanzlei
b) Schlosserei
c) Bank
d) Unternehmensberatung

Frage 9: Lea Kolmann hat einen neuen Arbeitsplatz gefunden. Ab wann hat sie ihren vollen Urlaubsanspruch nach dem Bundesurlaubsgesetz?

a) Sie hat mit dem Arbeitsantritt Anspruch auf den vollen Erholungsurlaub.
b) Sie hat nach einer 3-monatigen Wartezeit Anspruch auf den vollen Erholungsurlaub.
c) Sie hat nach einer 6-monatigen Wartezeit Anspruch auf den vollen Erholungsurlaub.
d) Sie hat einen Monat nach Ende der Probezeit Anspruch auf den vollen Jahresurlaub.

Frage 10: Leo Köster arbeitet in einer Firma, die in 2 Monaten von einer anderen Firma übernommen wird. Welche Auswirkungen hat das auf den Arbeitsvertrag von Leo Köster?

a) Leo Köster verliert seinen Arbeitsplatz auch ohne Kündigung wegen des Betriebsübergangs.
b) Die neue Firma übernimmt mit der Firma auch die Arbeitsverträge.
c) Leo Köster muss einen neuen Arbeitsvertrag mit der neuen Firma abschließen.
d) Die neue Firma hat ein besonderes Kündigungsrecht, welches sie ausüben muss.

Frage 11: Ordnen Sie die Aufgaben der Berufsausbildung entsprechend zu.

1) Durchführung der Abschlussprüfungen.	a) Ausbildungsbetrieb
2) Vermittlung der theoretischen Kenntnisse.	b) Berufsschule
3) Vermittlung der praktischen Kenntnisse.	
4) Eignung der Ausbildungsbetriebe überprüfen.	c) Industrie- und Handelskammer / Handwerkskammer
5) Ausbildungsvertrag abschließen.	

Frage 12: Marc Lachmann wohnt in Lübeck und arbeitet als Industriemechaniker bei der Elbe AG in Hamburg. Wo muss er seine Einkommenssteuererklärung einreichen?

a) Finanzamt Hamburg
c) Finanzamt Lübeck

b) Bei seinem Arbeitgeber
d) Rathaus Hamburg

Frage 13: Welche Personengruppe ist beschränkt geschäftsfähig?

a) Personen bis zur Vollendung des 7. Lebensjahres.
b) Personen vor dem 7. Lebensjahr mit ihrem Taschengeld.
c) Personen, die zwar das 7. Lebensjahr, aber noch nicht das 18. Lebensjahr vollendet haben.
d) Personen bis zur Vollendung des 21. Lebensjahres.

Frage 14: Welche Aussage zur Tarifautonomie ist richtig?

a) Streit zwischen Arbeitnehmern und Gewerkschaften wird als Tarifautonomie bezeichnet.
b) Der Tarifvertrag wird ohne Mitwirken des Staates abgeschlossen.
c) Der Tarifvertrag wird mit Mitwirken des Staates abgeschlossen.
d) Der Tarifvertrag ist allgemein gültig.

Frage 15: Ordnen Sie die Aussagen entsprechend zu.

1. Jeder kann Verträge schließen, so wie er es möchte.	
2. Per Gesetz werden Mütter geschützt.	a) Freie Marktwirtschaft
3. Es gilt der Grundsatz: Eigentum verpflichtet.	
4. Unternehmen können produzieren, was sie möchten.	b) Soziale Marktwirtschaft
5. Privateigentum ist nicht eingeschränkt.	

Lösungen zu Fragenblock B

Frage 1: Der Betriebsrat hat ein **Anhörungsrecht**. Der Arbeitgeber hat ihm die Gründe für die Kündigung mitzuteilen. Eine Kündigung ohne vorherige Anhörung des Betriebsrats ist unwirksam.

Frage 2: Bei der Einstellung eines leitenden Mitarbeiters braucht der Betriebsrat nur informiert zu werden = **Informationsrecht**.

Frage 3: Es handelt sich um eine soziale Angelegenheit. Hier hat der Betriebsrat ein **Mitbestimmungsrecht**. Ohne seine Zustimmung kann die Arbeitszeit nicht verlegt werden.

Frage 4: Es handelt sich um eine soziale Angelegenheit. Hier hat der Betriebsrat ein **Mitbestimmungsrecht**. Ohne seine Zustimmung kann das Rauchverbot auf dem Grundstück nicht durchgesetzt werden.

Frage 5: Hier handelt es sich um eine wirtschaftliche Angelegenheit. Somit hat der Betriebsrat nur ein **Informationsrecht**.

Frage 6: Ergänzen Sie folgenden Lückentext zum Thema Sozialversicherungen.

Rechtsgrundlage der Sozialversicherungen ist das _Sozialgesetzbuch (SGB)_

Bis auf die _Unfallversicherung_ werden die Sozialversicherungen je zur Hälfte von Arbeitgeber und Arbeitnehmer getragen.

Wie lange _Arbeitslosengeld I_ gezahlt wird, hängt davon ab, wie lange Betroffene vor der Arbeitslosigkeit sozialversicherungspflichtig beschäftigt waren und vom _Lebensalter_.

Rehabilitationsmaßnahmen zur Wiederherstellung der Arbeitsfähigkeit werden von der _Rentenversicherung_ getragen.

Das Prinzip, sich in der Sozialversicherung gegenseitig zu helfen, wird auch _Solidaritätsprinzip_ genannt.

Frage 7: 1a, 2b, 3a, 4a, 5b

Frage 8: b

Frage 9: c

Frage 10: b

Frage 11: 1c, 2b, 3a, 4c, 5a

Frage 12: c

Frage 13: c

Frage 14: b

Frage 15: 1a, 2b, 3b, 4a, 5a

Ein Wort zum Schluss

Glückwunsch, Sie haben vielleicht schon den einen oder anderen Aufgabenblock bearbeitet.

Ziel dieses Buches ist es, eine gute Prüfungsvorbereitung zu einem günstigen Preis zu entwickeln.

Wenn Ihnen unser Buch weitergeholfen hat, dann empfehlen Sie es bitte weiter, gerne auch in Form einer positiven Rezension bei Amazon. Wenn nicht, sagen Sie es nur mir ☺.

Claus G. Ehlert . Autor